नरेंद्र मोदी
का
सैन्य-प्रेम

नरेंद्र मोदी का सैन्य-प्रेम

महेश दत्त शर्मा

प्रभात प्रकाशन

प्रकाशक • **प्रभात प्रकाशन प्रा. लि.**
4/19 आसफ अली रोड,
नई दिल्ली–110002

संस्करण • प्रथम, 2023
मूल्य • तीन सौ पचास रुपए
मुद्रक • आर-टेक ऑफसेट प्रिंटर्स, दिल्ली

NARENDRA MODI KA SAINYA-PREM

by Shri Mahesh Dutt Sharma ₹ 350.00
Published by Prabhat Prakashan Pvt. Ltd., 4/19 Asaf Ali Road, New Delhi-2
e-mail: prabhatbooks@gmail.com ISBN 978-93-95386-67-8

अपनी बात

कभी प्रधानमंत्री नरेंद्र मोदी पाकिस्तान की सीमा से लगे राजस्थान के जैसलमेर में जवानों के साथ रोशनी का त्योहार दीवाली मनाते हैं तो कभी कश्मीर के नौशेरा में। वे हमेशा सेना के मनोबल को सर्वोच्च बनाए रखने के हिमायती रहे हैं। उनका यह स्वभाव उनके अनन्य सैन्य-प्रेम को दरशाता है।

मोदी को एक मजबूत राजनेता माना जाता है, जो भारत की क्षेत्रीय रक्षा मजबूत संकल्प के साथ कर सकते हैं; क्योंकि उन्होंने वर्ष 2016 में पाकिस्तान में संदिग्ध आतंकवादी शिविरों के खिलाफ सर्जिकल स्ट्राइक का आदेश दिया था। फिर लद्दाख में चीनी सैन्य दबाव के खिलाफ उनकी दृढ़ नीति और जम्मू व कश्मीर में ऑपरेशन 'ऑल आउट' द्वारा भी मोदी ने वर्ष 2014 में प्रधानमंत्री बनने के बाद से अपनी मजबूत सैन्य-प्रेमी छवि का विस्तार करने में कोई कसर नहीं छोड़ी।

प्रधानमंत्री मोदी वर्ष 2016 तक भारतीय सैनिकों के साथ दीवाली मनाते हुए नागरिक पोशाक में दिखाई देते रहे। वर्ष 2017 की दीवाली के बाद से वे भारतीय सेना की लड़ाकू पोशाक में दिखाई दिए। हालाँकि, मोदी ने बिना रैंक का प्रतीक चिह्न प्रदर्शित किए लड़ाकू पोशाक पहनी, लेकिन इसका संदेश दूरगामी रहा। सैन्य वरदी पहनना उनकी मजबूत छवि और दृढ़ता का प्रकटीकरण बना।

प्रधानमंत्री मोदी कहते हैं कि जवानों के लिए जीवन में एक ही तड़प

है—काम करने और देश की सेवा करने की। उसके लिए उसके दिल में सेना में काम करने का अर्थ किसी को मारना नहीं है। एक सैनिक के लिए सबसे बड़ी प्रेरणा किसी और के जीवन के लिए अपना जीवन समर्पित करना है।

सर्जिकल स्ट्राइक हो या कश्मीर में आतंकवाद से मुकाबला, प्रधानमंत्री मोदी ने सेना को उनका निर्णय स्वयं लेने की पूरी छूट दी है। इससे सेना के प्रति उनके प्रेम और सम्मान की गहनता को आँका जा सकता है।

प्रस्तुत पुस्तक में प्रधानमंत्री मोदी के सैन्य-प्रेम, समर्पण और आदर्श की विस्तार से चर्चा की गई है। एक प्रेरक और दिलचस्प पुस्तक।

—लेखक

अनुक्रम

1

हाऊ द जोश

"आपकी बहादुरी और भारत माता के सम्मान की रक्षा के लिए आपका समर्पण तुलनीय नहीं है। आपका धैर्य दुनिया में किसी से कम नहीं है। भारत माता की सेवा करते हुए आपके द्वारा ग्रहण की गई कठिन परिस्थितियों और ऊँचाइयों का मुकाबला दुनिया में कोई नहीं कर सकता। आपका साहस उन ऊँचाइयों से ऊँचा है, जहाँ आप तैनात हैं।"

—नरेंद्र मोदी

वर्ष 2014 में मोदी सरकार सत्ता में आई और उसी के बाद से देश की सेनाओं में एक नया व अनूठा जोश एवं उत्साह देखा गया। मोदी सरकार ने अपने 8 साल के कार्यकाल के दौरान सेनाओं को लेकर कई बड़े फैसले लिये। फिर चाहे वे रणनीतिक फैसले हों या सी.डी.एस. (चीफ ऑफ डिफेंस स्टाफ) की नियुक्ति या फिर डिफेंस कॉरिडोर के निर्माण की दिशा में कार्य। केंद्र के इन फैसलों ने सेना को काफी मजबूत किया। कई मौकों पर यह पाया गया कि मोदी समेत केंद्र सरकार के मंत्रियों ने देश के सैनिकों से मुलाकात की और उनका कुशलक्षेम पूछकर उनकी समस्याओं पर बात की। इससे न केवल सैनिकों का आत्मविश्वास बढ़ा, बल्कि सेना के प्रति जनता के बीच सम्मान की भावना में भी बढ़ोतरी हुई।

मोदी सरकार में सेना ने सर्जिकल स्ट्राइक एवं एयर स्ट्राइक करके दुश्मनों के छक्के छुड़ा दिए और दुनिया को यह बता दिया कि भारतीय सेना घर में घुसकर दुश्मनों को मारने का दम रखती है। उरी आतंकी हमले के बाद 28 सितंबर, 2016 को सेना ने रात में पाक को मुँहतोड़ जवाब दिया और पी.ओ.के. में आतंकियों के लॉन्चपैड नष्ट कर दिए।

इसके बाद भारत की वायुसेना ने 26 फरवरी को बालाकोट एयर स्ट्राइक के जरिए पाकिस्तान की सीमा में घुसकर आतंकियों पर हमला किया। जम्मू व कश्मीर में मोदी सरकार के आने के बाद आतंकी घटनाओं में कमी आई और सैकड़ों आतंकी मारे गए तथा बड़ी संख्या में आतंकियों ने आत्मसमर्पण किया।

मोदी सरकार में ही फ्रांस से राफेल लड़ाकू विमान की भारत में डिलीवरी हुई। इसके लिए मोदी सरकार ने सितंबर 2016 में फ्रांस सरकार के साथ 59,000 करोड़ रुपए के अनुबंध पर हस्ताक्षर किए, जिसके तहत पेरिस नई दिल्ली को 36 राफेल लड़ाकू विमान देने पर सहमत हुआ। स्मरणीय है कि राफेल जेट की निर्माता फ्रांस की प्रमुख एयरोस्पेस कंपनी दॉसो एविएशन है और यूरोपियन कंपनी एम.बी.डी.ए. विमान के लिए मिसाइल सिस्टम की आपूर्ति करती है।

भारत को 36 राफ़ेल लड़ाकू विमानों की डिलीवरी पूरी हो गई है। पहला राफेल विमान 29 जुलाई, 2020 को देश में आया था।

कोरोना के कारण दुनिया भर में लॉकडाउन के बावजूद फ्रांस की डसॉल्ट एविएशन ने सभी कॉम्बैट एयरक्राफ्ट्स की डिलीवरी समय से पहले कर दी। इन विमानों के अपग्रेड का काम भारत में ही हुआ। वायुसेना में राफेल के शामिल होने से इसकी ताकत कई गुना बढ़ गई है। राफेल लड़ाकू विमानों में दो इंजन होते हैं। ये कई तरह के मिशनों को अंजाम देने में समर्थ हैं।

फ्रांस का यह लड़ाकू विमान दुनिया के सबसे ताकतवर फाइटर जेट में शामिल है। यह 1,800 किमी. प्रति घंटे की रफ्तार तक पहुँचने में सक्षम है। पेलोड के बिना राफेल का वजन 10 टन है। जब यह मिसाइल के साथ

उड़ान भरता है तो इसका वजन 25 टन तक हो सकता है। यह लड़ाकू विमान अपने साथ कई मिसाइलों को लेकर उड़ान भरने में समर्थ है। राफेल हिमालय के ऊपर बेहद सर्द मौसम में भी उड़ान भर सकता है। यह हैमर मिसाइलों से भी लैस है। राफेल एक मिनट में 18,000 मीटर तक की ऊँचाई पर जाने की क्षमता रखता है।

लड़ाकू विमान राफेल आज भारतीय वायुसेना का बेहद मजबूत और अत्याधुनिक रक्षा हथियार है। राफेल विमान भारत आने के बाद 10 सितंबर, 2020 को अंबाला में उसे विधिवत् भारतीय वायुसेना का हिस्सा बनाया गया।

मल्टीरोल होने के कारण दो इंजनों वाला (टूइन) राफेल फाइटर जेट एयरसुप्रेमैसी, यानी हवा में अपनी बादशाहत कायम करने के साथ-साथ डीप-पैनिट्रेशन, यानी दुश्मन की सीमा में घुसकर हमला करने में भी सक्षम है। यानी राफेल जब आसमान में उड़ता है तो कई सौ किलोमीटर तक दुश्मन का कोई भी विमान, हेलीकॉप्टर या फिर ड्रोन पास नहीं फटक सकता है; साथ ही वह दुश्मन की जमीन में अंदर तक दाखिल होकर, बमबारी कर तबाही मचा सकता है। इसलिए राफेल को 'मल्टी रोल लड़ाकू विमान' भी कहा जाता है।

राफेल अत्याधुनिक हथियारों और मिसाइलों से लैस है। सबसे खास है—दुनिया की सबसे घातक समझी जानेवाली हवा से हवा में मार करनेवाली मेटयोर मिसाइल। यह मिसाइल चीन तो क्या, किसी भी एशियाई देश के पास नहीं है, यानी राफेल विमान वाकई दक्षिण एशिया में गेम-चेंजर साबित हो सकता है। वियोंड विजुअल रेंज 'मेटयोर' मिसाइल की रेंज करीब 150 किलोमीटर है। हवा से हवा में मार करनेवाली यह मिसाइल दुनिया के सबसे घातक हथियारों में गिनी जाती है। इसके अलावा, राफेल लड़ाकू विमान लंबी दूरी की हवा से सतह पर मार करनेवाली स्कैल्प क्रूज मिसाइल और हवा से हवा में मार करनेवाली माइका मिसाइल से भी लैस है।

□

2

सी.डी.एस. की नियुक्ति

“आपका संकल्प उन घाटियों से अधिक मजबूत है, जहाँ आप हर दिन चलते हैं और आपकी भुजाएँ आपके चारों ओर की चट्टानों की तरह मजबूत हैं। आपकी इच्छा-शक्ति आपके चारों ओर के पहाड़ों की तरह अदम्य है। मैं इसे महसूस कर सकता हूँ और आज देख सकता हूँ, क्योंकि मैं आपके बीच हूँ।”

—नरेंद्र मोदी

मोदी सरकार के कार्यकाल में जनरल बिपिन रावत को 2 जनवरी, 2020 को भारत का पहला सी.डी.एस. नियुक्त किया गया। इस नियुक्ति का उद्देश्य थलसेना, नौसेना और भारतीय वायुसेना के बीच समन्वय तथा देश की सैन्य शक्ति को मजबूत करना है।

पहले चीफ ऑफ डिफेंस स्टाफ (सी.डी.एस.) की नियुक्ति भारत के लिए महत्त्वपूर्ण और ऐतिहासिक है। यह सशस्त्र बलों की तीनों सेवाओं के कर्मियों के कल्याण के लिए मोदी सरकार द्वारा किए गए प्रयासों को आगे बढ़ाएगा। जनरल बिपिन रावत ने 4 जनवरी, 2020 को सी.डी.एस. के रूप में पदभार ग्रहण किया।

यह भारत के लिए महत्त्वपूर्ण और ऐतिहासिक दिन माना गया, क्योंकि प्रधानमंत्री नरेंद्र मोदी ने लंबे समय से लंबित इस माँग को पूरा कर दिया और

भारत को अपना पहला चीफ ऑफ डिफेंस स्टाफ मिल गया।

याद रहे कि वर्ष 2019 के स्वतंत्रता दिवस पर प्रधानमंत्री नरेंद्र मोदी ने सी.डी.एस. पद की घोषणा की थी। प्रधानमंत्री मोदी ने तब कहा था कि सी.डी.एस. सेना के तीनों अंगों—थलसेना, वायुसेना और नौसेना के अध्यक्षों से वरीयता क्रम में ऊपर होगा। इसके बाद जनवरी 2020 में थलसेना अध्यक्ष पद से रिटायर होते ही जनरल बिपिन रावत को पहला सी.डी.एस. बनाया गया। इस पद को बनाने का प्रस्ताव वर्ष 1999 में कारगिल युद्ध के समय आया था।

सेना के तीनों अंगों के प्रमुखों में सबसे वरिष्ठ व्यक्ति सी.डी.एस. होता है। उसकी बुनियादी भूमिका सेना, नौसेना और वायुसेना के बीच कामकाजी समन्वय बढ़ाने की दिशा में काम करने और जरूरत के मुताबिक राष्ट्रीय सुरक्षा को देखने की होती है। सी.डी.एस. प्रधानमंत्री और रक्षामंत्री के लिए महत्त्वपूर्ण रक्षा व सामरिक मुद्दों पर सैन्य सलाहकार की भूमिका भी निभाता है।

सी.डी.एस. एक फोर स्टार सैन्य अधिकारी होता है, जो भारतीय सेनाओं के अधिकारियों में से चुना जाता है। तीनों सेनाओं के चीफ में 'फर्स्ट अमंग द इक्वल' होने के बावजूद रक्षामंत्री का सिंगल पॉइंट एडवाइजर होता है। सी.डी.एस. की मदद वाइस चीफ ऑफ डिफेंस स्टाफ करते हैं। सी.डी.एस. रक्षा मंत्रालय के अधीन डिपार्टमेंट ऑफ मिलिटरी अफेयर्स का प्रमुख होता है और उसका सेक्रेटरी भी होता है। इसके अलावा, वह चीफ ऑफ द स्टाफ कमेटी का स्थायी अध्यक्ष होता है।

चीफ ऑफ डिफेंस स्टाफ का पद हाईब्रिड वारफेयर की दुनिया में अहम माना जाता है। इस पद की वजह से सेनाओं में आपसी समन्वय बिठाने में मदद मिलती है। देश की तीनों सेनाओं की संयुक्त युद्ध रणनीति में भी इसका बड़ा योगदान होता है। जनरल बिपिन रावत की नियुक्ति से पहले तक भारत दुनिया के सबसे बड़े लोकतांत्रिक देशों में इकलौता था, जहाँ पर सी.डी.एस. की नियुक्ति नहीं हुई थी।

देश की तीनों सेनाओं के बीच समन्वय समेत सैन्य सुधारों को समुचित तरीके से लागू करने के लिए सी.डी.एस. पद की जरूरत को महसूस किया जा रहा था। जनरल बिपिन रावत के सी.डी.एस. बनने के बाद देश में सैन्य सुधारों की तेज हुई रफ्तार इस बात की गवाही देती है।

केंद्र सरकार ने सी.डी.एस. के लिए आयु सीमा को बढ़ाकर 65 वर्ष करने के बाद इस पद के लिए जनरल बिपिन रावत के नाम पर अपनी मुहर लगाई।

गौरतलब है कि वर्ष 1999 में कारगिल युद्ध के बाद इस संबंध में गठित की गई कारगिल सुरक्षा समिति ने सी.डी.एस. की नियुक्ति का सुझाव दिया था। तब समिति ने कहा था कि देश की सुरक्षा के लिए चुनौतीपूर्ण स्थितियों से निपटने के लिए तीनों सेनाओं के बीच समन्वय स्थापित करना जरूरी है। इसके लिए सी.डी.एस. की नियुक्ति की जाए।

इसके दो दशक बाद प्रधानमंत्री मोदी ने वर्ष 2019 के स्वतंत्रता दिवस पर ऐतिहासिक सैन्य सुधार की जरूरत बताते हुए सी.डी.एस. की नियुक्ति की घोषणा की थी। तब राष्ट्रीय सुरक्षा सलाहकार अजित डोभाल की अध्यक्षता में एक कार्यान्वयन समिति का गठन किया गया। इस समिति ने सी.डी.एस. की नियुक्ति के तौर-तरीकों, जिम्मेदारियों और कार्य-प्रणाली तय की। फिर कैबिनेट की बैठक में सी.डी.एस. की नियुक्ति पर मुहर लगी। इस दौरान इसके चार्टर और कर्तव्य को मंजूरी दी गई थी। इसमें तय किया गया कि इस पद को ग्रहण करनेवाला व्यक्ति भविष्य में किसी प्रकार का सरकारी पद हासिल करने का पात्र नहीं होगा।

इससे पहले सी.डी.एस. की नियुक्ति की रास्ता साफ करने के लिए रक्षा मंत्रालय ने सेना के नियमों, 1954 के कार्यकाल और सेवा के नियमों में संशोधन किया। जारी अधिसूचना में कहा गया कि सी.डी.एस. प्रमुख 65 साल की आयु सीमा तक सेवा दे सकेंगे। अगर केंद्र सरकार जरूरी समझे तो सी.डी.एस. को सेवा विस्तार दे सकती है।

सी.डी.एस. की कार्य-प्रणाली

- सी.डी.एस. के अंदर कोई मिलिटरी कमांड नहीं होगा।
- सी.डी.एस. रक्षामंत्री के लिए सैन्य सलाहकार की भूमिका निभाएगा।
- सी.डी.एस. का पद सेना के तीनों अंगों के ऊपर होगा।
- सी.डी.एस. डिफेंस एक्विजिशन काउंसिल और डिफेंस प्लानिंग काउंसिल का भी सदस्य होगा।
- कार्यभार सँभालने के तीन वर्ष के अंदर तीनों सेनाओं से जुड़े ऑपरेशन, लॉजिस्टिक, ट्रांसपोर्ट, ट्रेनिंग, सहायता सेवा, मेंटिनेंस, कम्युनिकेशन में समन्वय बनाएगा।
- सेना की आधारभूत संरचना का समुचित उपयोग सुनिश्चित करेगा।
- सेना में स्वदेशी तकनीक की हिस्सेदारी बढ़ाएगा।
- बजट के अनुरूप सेनाओं के अंदर कैपिटल एक्विजिशन के प्रस्तावों की प्राथमिकता तय करेगा।
- आधुनिकीकरण और मारक क्षमता बढ़ाने के लिए तीनों अंगों में जरूरी सुधार करेगा।
- सेना के तीनों अंगों से जुड़ा कोई भी सी.डी.एस. बन सकता है।
- सी.डी.एस. पद से हटने के बाद सरकारी नौकरी नहीं कर पाएगा। निजी क्षेत्र में भी रिटायर होने के 5 साल बाद ही सेवा दे पाएगा। इसके लिए भी सरकार से पहले अनुमति लेनी होगी।

सी.डी.एस. की आवश्यकता

कारगिल युद्ध के दौरान वायुसेना और थलसेना के बीच तालमेल का अभाव साफ दिखाई दिया। वायुसेना के इस्तेमाल पर तत्कालीन वायुसेनाध्यक्ष और सेनाध्यक्ष जनरल वी.पी. मलिक की राय जुदा थी। भारतीय सामरिक रणनीतिकारों ने भी इस कमी को महसूस किया और सरकार से पुनः सी.डी.एस. के गठन की सिफारिश की। यह पद सरकारी नेतृत्व के लिए सैन्य सलाहकार की भूमिका के तौर पर जरूरी माना गया। हालाँकि, राजनीतिक पार्टियों और

सैन्य बलों ने इसका विरोध किया। कुछ लोगों को लगता है कि एक व्यक्ति के पास ज्यादा सैन्य शक्तियाँ होना संकेंद्रण की समस्या को जन्म दे सकता है।

वर्ष 2012 में गठित 'नरेश चंद्रा समिति' ने बीच का रास्ता निकालते हुए चीफ ऑफ स्टाफ समिति (सी.ओ.एस.सी.) के स्थायी अध्यक्ष की सिफारिश की थी। वर्तमान व्यवस्था के अंतर्गत सी.ओ.एस.सी. के अध्यक्ष की नियुक्ति की जाती है, मगर इसके परिणाम आशा के अनुसार नहीं रहे हैं। सेना में सुधार के लिए गठित 'डी.बी. शेतकर समिति' ने दिसंबर 2016 में सरकार को अपनी रिपोर्ट सौंपी, जिसमें 99 सिफारिशों सहित सी.डी.एस. की नियुक्ति के मुद्दे को उठाया गया था।

अभी की व्यवस्था के अनुसार, भारत सरकार ने तीनों सेनाओं में सबसे वरिष्ठ जनरल को चीफ ऑफ आर्मी स्टाफ की मंजूरी दी है। समन्वय के बाबत ट्राई सर्विसेज कमांड की व्यवस्था है। तीनों सेनाओं की संयुक्त कमांडर कॉन्फ्रेंस होती है और सुरक्षा मामलों की कैबिनेट में तीनों सेनाओं के प्रमुख होते हैं। इसके अलावा, समन्वय एवं संयुक्त ऑपरेशन को बढ़ावा देने के लिए अनेक उपाय किए गए हैं।

पिछली सरकार का ढुलमुल रवैया

तीनों सेनाओं ने लगातार सी.डी.एस. के गठन की माँग की। रक्षा मंत्रालय की संसदीय समिति ने भी कारगिल समीक्षा समिति की सिफारिश को मजबूती से उठाया; लेकिन केंद्र सरकार सी.डी.एस. के गठन से परहेज करती रही। करीब 19 वर्षों तक यह सिफारिश ठंडे बस्ते में पड़ी रही।

मोदी सरकार में ही 31 दिसंबर, 2019 को पहले चीफ ऑफ डिफेंस स्टाफ (सी.डी.एस.) की नियुक्ति की गई थी। जनरल बिपिन रावत जैसे ही थलसेना प्रमुख के पद से रिटायर हुए, उन्हें देश का पहला सी.डी.एस. बनाया गया था। उन्होंने देश में रक्षा क्षेत्र में कई सुधारों को लेकर काम किया और जरूरी कदम उठाए। रावत खुद इस बात को मानते थे कि सेनाओं का एक साथ समन्वित होकर काम करना जरूरी है। इससे रक्षा क्षेत्र में काफी लाभ

होगा। हालाँकि, अब जनरल रावत इस दुनिया में नहीं हैं। एक हेलीकॉप्टर दुर्घटना में उनका निधन हो चुका है।

पहले सी.डी.एस. का हेलीकॉप्टर दुर्घटना में निधन

चीफ ऑफ डिफेंस स्टाफ (सी.डी.एस.) जनरल बिपिन रावत का हेलीकॉप्टर दुर्घटना में निधन हो गया। वे 63 साल के थे। हेलीकॉप्टर में सवार सभी 14 लोगों की मौत हो गई। इस हादसे में जनरल रावत की पत्नी मधुलिका रावत की भी मौत हो गई। 8 दिसंबर, 2021 की सुबह जनरल बिपिन रावत और उनकी पत्नी समेत सेना के 14 लोगों को लेकर जा रहा भारतीय वायुसेना का एमआई–17वी5 हेलीकॉप्टर तमिलनाडु के कुन्नूर में क्रैश हो गया।

□

3

डिफेंस कॉरिडोर : भारत का रक्षा कवच

"यह ज्ञान कि देश की सुरक्षा आपके हाथों में है और आपके दृढ़ संकल्प से सुरक्षित है, न केवल मुझे, बल्कि पूरे देश को आश्वस्त करता है, जिसे आप पर अटूट विश्वास है। यह तथ्य कि आप सीमाओं की रक्षा कर रहे हैं, देशवासियों के लिए मातृभूमि के लिए दिन-रात काम करने की प्रेरणा का काम करता है। आपके बलिदान और शौर्य से 'आत्मनिर्भर भारत' का संकल्प और मजबूत होता है।"

—नरेंद्र मोदी

मोदी सरकार में ही डिफेंस कॉरिडोर की मुहिम को बढ़ावा मिला और उत्तर प्रदेश के अलीगढ़ में डिफेंस कॉरिडोर का उद्घाटन किया गया। इसका उद्देश्य रक्षा उत्पादों के क्षेत्र में आत्मनिर्भर बनना और 'मेक इन इंडिया' को बढ़ावा देना है। डिफेंस कॉरिडोर में एक रूट के तहत कई शहरों को शामिल किया गया है। इसमें सेना के काम आनेवाली मशीनरी के लिए इंडस्ट्री डेवलप की जाती है। सेना की वरदी से लेकर उसके हथियारों समेत कई तरह के सामान इसमें बनाए जाते हैं।

रक्षा क्षेत्र में विदेशी कंपनियों पर निर्भरता घटाने और देश में रक्षा सामग्री का उत्पादन बढ़ाने के उद्देश्य से वर्ष 2018-19 के अपने बजट भाषण में वित्त मंत्री ने देश में दो डिफेंस इंडस्ट्रियल कॉरिडोर बनाए जाने की घोषणा

की थी। इनमें से पहला तमिलनाडु के पाँच और दूसरा उत्तर प्रदेश के छह शहरों में बन रहा है।

उत्तर प्रदेश में अलीगढ़, आगरा, झाँसी, चित्रकूट, कानपुर और लखनऊ में डिफेंस कॉरिडोर बनाने की योजना है। अलीगढ़ में जो डिफेंस कॉरिडोर बना है, वह बिजनेस के लिहाज से काफी अहम है। यह 1,500 करोड़ रुपए की लागत से तैयार हुआ है।

रक्षा उत्पादन के क्षेत्र में आत्मनिर्भर बनने की दिशा में डिफेंस कॉरिडोर का खासा महत्त्व है। अभी भारत रक्षा क्षेत्र की अपनी जरूरतों को पूरा करने के लिए विदेशों पर निर्भर है। भारत दूसरे देशों से हथियारों का आयात करता है। अंतरराष्ट्रीय स्तर के डिफेंस प्रोडक्ट और हथियारों का उत्पादन होने के साथ ही इन डिफेंस कॉरिडोर्स के कारण क्षेत्रीय उद्योगों का विकास होगा और नए रोजगारों का अवसर बनेगा। साथ ही, उद्योग रक्षा उत्पादन के लिए ग्लोबल सप्लाई चेन के साथ भी जुड़ सकेंगे।

डिफेंस कॉरिडोर में बुलेटप्रूफ जैकेट, ड्रोन, लड़ाकू विमान, हेलीकॉप्टर, तोप एवं उसके गोले, मिसाइल और विभिन्न प्रकार की बंदूकें आदि बनाए जाएँगे। डिफेंस कॉरिडोर से देश को रक्षा उत्पादन के क्षेत्र में आत्मनिर्भर बनाने और 'मेक इन इंडिया' को बढ़ावा देने में मदद मिलेगी।

सरकार ने 'आत्मनिर्भर भारत' योजना के तहत रक्षा निर्माण में आत्मनिर्भरता को बढ़ावा देने के लिए 'रक्षा उत्पादन एवं निर्यात संवर्धन नीति-2020' तैयार की। वर्ष 2025 तक भारत का लक्ष्य 1.75 लाख करोड़ रुपए (25 अरब डॉलर) का उत्पादन करने का है। इसमें 35 हजार करोड़ रुपए (5 अरब डॉलर) का एयरोस्पेस और रक्षा सामग्री एवं सेवाओं का निर्यात शामिल है।

भारत में रक्षा निर्माण बढ़ाने और हथियार आपूर्तिकर्ता बनाने के लिए सरकार ने सितंबर 2020 में रक्षा क्षेत्र में 74 प्रतिशत एफ.डी.आई. को मंजूरी दी। 74 प्रतिशत से अधिक एफ.डी.आई. के लिए सरकार की अनुमति लेने की आवश्यकता होगी।

डिफेंस कॉरिडोर झाँसी में भारत डायनेमिक्स मिसाइल का उत्पादन करेगी। पिछले साल नवंबर के महीने में डिफेंस कॉरिडोर में 400 करोड़ रुपए का निवेश करनेवाली कंपनी 'भारत डायनेमिक्स लिमिटेड' की प्रधानमंत्री ने आधारशिला रखी, जबकि 'डेल्टा' सेना की बंदूकों के लिए कारतूस बनाएगी। इन दोनों कंपनियों की यूनिट की स्थापना की प्रक्रिया शुरू हो चुकी है और अब कई अन्य कंपनियों ने भी झाँसी के डिफेंस कॉरिडोर में निवेश में दिलचस्पी दिखाई है। इन दो कंपनियों के बाद डिफेंस उत्पादों से जुड़ी 25 कंपनियों ने डिफेंस कॉरिडोर के झाँसी नोड में निवेश की इच्छा जताई है।

झाँसी जनपद के गरौठा तहसील क्षेत्र में किसानों से अब तक लगभग 1,071 हेक्टेयर जमीन का अधिग्रहण किया जा चुका है। इसमें से 183 हेक्टेयर जमीन 'भारत डायनेमिक्स लिमिटेड' को और 15 हेक्टेयर 'डेल्टा डिफेंस कंपनी' को दी गई।

उत्तर प्रदेश डिफेंस इंडस्ट्रियल कॉरिडोर

उत्तर प्रदेश भारत में चौथा सबसे बड़ा राज्य है और देश के भीतर तीसरी सबसे बड़ी अर्थव्यवस्था है। 20 करोड़ से अधिक की आबादी के साथ उत्तर प्रदेश के पास सबसे अधिक उपलब्ध श्रम बल है और यह भारत में शीर्ष पाँच विनिर्माण राज्यों में से एक है। देश में एम.एस.एम.ई. की संख्या के मामले में भी राज्य पहले स्थान पर है।

'उत्तर प्रदेश डिफेंस इंडस्ट्रियल कॉरिडोर' (यू.पी.डी.आई.सी.) एक आकांक्षात्मक परियोजना है, जो भारतीय एयरोस्पेस एवं रक्षा क्षेत्र की विदेशी निर्भरता को कम करने का इरादा रखती है। 11 अगस्त, 2018 को अलीगढ़ में आयोजित मीट में रक्षा उत्पादन में 3,700 करोड़ रुपए से अधिक के निवेश की घोषणा के साथ उत्साहजनक शुरुआत हुई। 'उत्तर प्रदेश एक्सप्रेस-वे औद्योगिक विकास प्राधिकरण' (उत्तर प्रदेश एक्सप्रेस-वेज औद्योगिक विकास प्राधिकरण) को विभिन्न अन्य राज्य एजेंसियों के साथ मिलकर इस परियोजना को निष्पादित करने के लिए नोडल एजेंसी को बनाया गया।

राज्य सामान्य सुविधाएँ केंद्र (सी.एफ.सी.), उत्कृष्टता केंद्र (सी.ओ.ई.) और कौशल विकास केंद्र स्थापित करने का इरादा रखता है, ताकि सर्वोत्तम प्रथाओं, अनुसंधान और विकास तथा कौशल विकास प्रदान करने में सुविधा हो। इसलिए, परिकल्पित गलियारे न केवल विनिर्माण केंद्रों की स्थापना का लक्ष्य रखते हैं, बल्कि देश में सबसे अधिक आबादीवाले राज्य को पूरा करने के लिए रोजगार के अवसर उपलब्ध कराने का भी लक्ष्य रखते हैं।

उत्तर प्रदेश डिफेंस इंडस्ट्रियल कॉरिडोर योजना के छह नोड्स—लखनऊ, कानपुर, झाँसी, आगरा, अलीगढ़ एवं चित्रकूट हैं, जो उत्तर प्रदेश के मध्य, पूर्व व पश्चिम क्षेत्र में फैला हुआ है और दिल्ली को जोड़नेवाले स्वर्णिम चतुर्भुज के साथ कोलकाता एक्सप्रेस के नेटवर्क द्वारा समर्थित है।

मील के पत्थर

- इसी के साथ आई.आई.टी., कानपुर और आई.आई.टी. बनारस हिंदू विश्वविद्यालय, वाराणसी को उत्तर प्रदेश सरकार द्वारा डिफेंस इंडस्ट्रियल कॉरिडोर से संबंधित उत्कृष्टता केंद्र की स्थापना के लिए मंजूरी दी।
- उ.प्र. में निवेश आकर्षित करने के उद्देश्य से उत्तर प्रदेश सरकार द्वारा उत्तर प्रदेश रक्षा एवं एयरोस्पेस यूनिट और रोजगार संवर्धन नीति (पहला संशोधन), 2019 प्रकाशित की गई।
- रक्षा गलियारे में औद्योगिक भूखंडों के आवंटन के लिए दिशा-निर्देश/प्रक्रिया को निर्बाध भूमि आवंटन प्रक्रियाओं के लिए प्रकाशित किया गया।
- यू.पी.आई. के लिए नोड्स पर विनिर्माण इकाइयाँ स्थापित करने के लिए यूपीडा और विभिन्न कंपनियों के बीच 32 समझौता ज्ञापनों पर हस्ताक्षर किए गए। अलीगढ़ और कानपुर नोड्स के लिए भूमि आवंटन शुरू किया गया।
- दिनांक 13 अगस्त, 2020 को यूपीडा और भारतीय नौसेना के

मध्य समस्या क्षेत्रों को चिह्नित करने में सुविधा प्रदान करने तथा भारतीय उद्योगों के माध्यम से समाधान व विनिर्माण खोजने हेतु एक सहमति-पत्र पर हस्ताक्षर हुए।

लखनऊ में सी.एफ.सी. की स्थापना के लिए एक प्रस्ताव शुरू किया गया, जिसमें प्रोटोटाइपिंग, डिजाइनिंग, स्किलिंग और इन्क्यूबेट आदि को शामिल किया गया। इसके सिवाय अन्य नोड्स पर डिफेंस टेस्टिंग सेंटर्स खोलने के प्रस्ताव हैं, जो रक्षा मंत्रालय से अनुमोदन होने के पश्चात् सुनिश्चित किए जाएँगे।

भूमि बैंक्स

रक्षा एवं एयरोस्पेस उद्योगों हेतु बुनियादी ढाँचे की स्थापना के लिए उद्योग के लिए तैयार लैंड बैंक्स का निर्माण राज्य के लिए पहली प्रमुखता है। लगभग 5,071.19 हेक्टेयर भूमि गलियारे के लिए चरणबद्ध तरीके से अधिग्रहण करने का प्रस्ताव रखा गया।

प्रधानमंत्री मोदी ने अपने अलीगढ़ दौरे में अलीगढ़ में डिफेंस कॉरिडोर के अलीगढ़ नोड का अवलोकन किया। उन्होंने कहा कि अलीगढ़ में डेढ़ दर्जन कंपनियाँ 100 करोड़ रुपए से ज्यादा का निवेश करेंगी। इससे हजारों नौकरियों के अवसर भी बनेंगे, जिससे अलीगढ़ और आसपास के क्षेत्र को एक नई पहचान मिलेगी।

वहीं प्रधानमंत्री मोदी ने अपने संबोधन में कहा कि लोग पहले अपने घर और दुकान की सुरक्षा अलीगढ़ के ताले से करते थे। अब अलीगढ़ 21वीं सदी के हिंदुस्तान की सीमाओं की रक्षा का काम करेगा। इस कॉरिडोर की मदद से लगभग 3 लाख नए रोजगार पैदा होने की उम्मीद जताई जा रही है। □

4

नेशनल वॉर मेमोरियल

"मैं आज अपनी आवाज का उपयोग करता हूँ, जैसाकि राष्ट्रकवि रामधारी सिंह 'दिनकर' ने एक बार कहा था—आपकी बहादुरी की बात करने और आपको सलाम करने के लिए। गलवान घाटी में शहीद हुए जवानों को मैं फिर से श्रद्धांजलि अर्पित करता हूँ। उन वीरों की बहादुरी और शेर जैसी दहाड़ ने पृथ्वी को भी उनके पराक्रम की बात कह दी है। आपकी वीरता के आगे हर देशवासी का सिर सम्मान से झुकता है। आपकी बहादुरी से हर भारतीय नागरिक का सीना गर्व से फूल जाता है। यह धरती आपकी वीरता की गाथाओं से भरी पड़ी है। दुनिया ने आपके साहस को देखा है और आपके वीरता एवं पराक्रम के किस्से देश के हर घर में गूँज रहे हैं।"

—नरेंद्र मोदी

प्रधानमंत्री नरेंद्र मोदी ने 25 फरवरी, 2019 को इंडिया गेट पर 'राष्ट्रीय युद्ध स्मारक' (नेशनल वॉर मेमोरियल) का उद्घाटन कर देश को समर्पित किया। नेशनल वॉर मेमोरियल 176 करोड़ रुपए की लागत से बनकर तैयार हुआ है। यह मेमोरियल 40 एकड़ जमीन पर बना है, जिसमें थलसेना, नौसेना और वायुसेना की छह प्रमुख लड़ाइयों का जिक्र है। यह वॉर मेमोरियल उन जवानों के प्रति सम्मान का सूचक है, जिन्होंने देश की

रक्षा के लिए अपनी जान दी है। छह भुजाओं (हेक्सागोन) वाले आकार में बने मेमोरियल के केंद्र में 15 मीटर ऊँचा स्मारक स्तंभ है। इस पर भित्तिचित्र, ग्राफिक पैनल, शहीदों के नाम और 21 परम वीर चक्र विजेताओं की मूर्तियाँ बनाई गई हैं। स्मारक चार चक्रों पर केंद्रित है—अमर चक्र, वीरता चक्र, त्याग चक्र, रक्षक चक्र। इसमें थलसेना, वायुसेना और नौसेना के शहीद जवानों को श्रद्धांजलि दी गई है। शहीदों के नाम दीवार की ईंटों पर उकेरे गए हैं। स्मारक का निचला भाग अमर जवान ज्योति जैसा है।

पहली बार वर्ष 1960 में वॉर मेमोरियल तैयार करने का प्रस्ताव सशस्त्र बलों ने दिया था; लेकिन सरकारों की उदासीनता, ब्यूरोक्रेट्स और सेना के बीच गतिरोध से इसका निर्माण नहीं हो सका। मोदी सरकार ने अक्तूबर 2015 में स्मारक के निर्माण को मंजूरी दी। हालाँकि, पहले अंग्रेजों ने प्रथम विश्व युद्ध में शहीद भारतीय सैनिकों की याद में सन् 1931 में इंडिया गेट बनवाया था। सन् 1971 के युद्ध में शहीद हुए 3,843 सैनिकों के सम्मान में यहाँ अमर जवान ज्योति बनाई गई थी।

यह 'राष्ट्रीय युद्ध स्मारक' या 'नेशनल वॉर मेमोरियल' इंडिया गेट के दूसरी ओर 400 मीटर की दूरी पर स्थित है। इस स्मारक को इंडिया गेट के पास मौजूद छतरी के आसपास बनाया गया है। स्मारक में 25,942 सैनिकों के नाम स्वर्ण अक्षरों में लिखे गए हैं। इस युद्ध स्मारक में वर्ष 1947-48 के युद्ध से गलवान घाटी में चीनी सैनिकों के साथ संघर्ष तक शहीद हुए सैनिकों के नाम स्वर्ण अक्षरों में अंकित हैं। स्मारक में उन सैनिकों के नाम भी शामिल हैं, जिन्होंने आतंकवाद-विरोधी अभियान में अपनी जानें गँवाईं। इससे पहले सशस्त्र सेना के शहीद हुए सैनिकों के सम्मान के लिए कोई भी स्मारक उपलब्ध नहीं था।

इसी के साथ इंडिया गेट पर पिछले लगभग 50 वर्षों से जलाई जा रही 'अमर जवान ज्योति' भी जनवरी 2019 से वहाँ नहीं जल रही है। 'अमर जवान ज्योति' की स्थापना उन सैनिकों की याद में की गई थी, जो सन् 1971 के भारत-पाकिस्तान युद्ध में शहीद हुए थे। इस युद्ध में भारत ने विजय प्राप्त

की थी। अब 'अमर जवान ज्योति' का राष्ट्रीय युद्ध स्मारक में जल रही लौ में विलय कर दिया गया है। अब सभी शहीद हुए जवानों को एक ही जगह पर श्रद्धांजलि दी जा रही है।

इन दिनों देश 'आजादी का अमृत महोत्सव' मना रहा है। ऐसे में, अंग्रेजी हुकूमत की निशानी इंडिया गेट, जिसे अंग्रेज 'दिल्ली मेमोरियल' कहते थे, के बजाय देश के बनाए अपने 'नेशनल वॉर मेमोरियल' पर शहीद भारतीय सैनिकों की याद में ज्योति प्रज्वलित करना न्यायोचित कहा जा सकता है।

138 फीट (42 मीटर) ऊँचे इंडिया गेट का निर्माण ब्रिटिश सरकार ने उन्हीं सर एडविन लुटियंस से करवाया था, जिन्होंने नई दिल्ली को डिजाइन किया, जिसे आज भी हम 'लुटियंस डेल्ही' के नाम से संबोधित करते हैं।

दरअसल, तब ब्रिटिश सरकार ने वर्ष 1914 एवं 1919 के बीच लड़े गए प्रथम विश्व युद्ध और तीसरे अफगान युद्ध में ब्रिटिश सेना की ओर से शहीद हुए लगभग 84,000 भारतीय सैनिकों की याद में इस युद्ध स्मारक का निर्माण कराया था।

पेरिस के आर्क डे ट्रॉयम्फ से प्रेरित इंडिया गेट आज के कर्तव्य पथ (राजपथ), जिसे अंग्रेज 'किंग्सवे' कहते थे, पर बनाया गया था। इंपीरियल वॉर ग्रेव कमीशन ने उस दौरान दुनिया के कई शहरों में वॉर मेमोरियल बनाने का निर्णय लिया और सर लुटियंस को इनके डिजाइन का कार्य सौंपा गया था।

वर्ष 1921 में ब्रिटेन की महारानी विक्टोरिया के तृतीय पुत्र ड्यूक ऑफ कनॉट ने इंडिया गेट की आधारशिला रखी और इसका निर्माण वर्ष 1931 में पूरा हुआ। इंडिया गेट पर 13,516 ब्रिटिश व भारतीय सैनिकों के नाम अंकित हैं। साथ ही, इंडिया गेट पर ब्रिटिश सरकार ने लिखवाया था—'भारतीय सेनाओं के शहीदों के लिए, जो फ्रांस, फ्लैंडर्स, मेसोपोटामिया, फारस, पूर्वी अफ्रीका, गैलीपोली एवं निकट पूर्व व सुदूर पूर्व की अन्य जगहों पर शहीद हुए और उनकी पवित्र स्मृति में भी जिनके नाम दर्ज हैं और जो तीसरे अफगान युद्ध में भारत में या उत्तर-पश्चिमी सीमा पर वीरगति को प्राप्त हुए।'

वहीं वर्तमान 'नेशनल वॉर मेमोरियल' वर्ष 1947 में आजादी के बाद से अब तक देश के लिए वीरगति प्राप्त करनेवाले 26,466 भारतीय सैनिकों के सम्मान में बनाया गया।

वर्ष 1971 में भारत-पाकिस्तान युद्ध के बाद इंडिया गेट पर 'अमर जवान ज्योति' का निर्माण हुआ, जिसे इस युद्ध में शहीद हुए 3,843 भारतीय सैनिकों की स्मृति में बनाया गया था। पूर्व प्रधानमंत्री इंदिरा गांधी ने 26 फरवरी, 1972 को इसका उद्घाटन किया और तब पहली बार अमर जवान ज्योति पर ज्वाला प्रज्वलित की गई थी।

करीब 50 वर्षों से यह ज्वाला प्रज्वलित हो रही थी और 26 जनवरी, 15 अगस्त, भारत-पाक युद्ध के विजय दिवस 16 दिसंबर सहित विशेष अवसरों पर प्रधानमंत्री, सैन्य प्रमुख, अन्य राजनेता 'अमर जवान ज्योति' आते रहे हैं। दिल्ली भ्रमण पर आनेवाले पर्यटकों के लिए भी यह खास जगह बनी रही है। प्रत्येक शाम इंडिया गेट के करीब पिकनिक जैसा नजारा देखा जा सकता है।

ब्रिटिश आर्किटेक्ट सर एडविन लुटियंस के विपरीत नेशनल वॉर मेमोरियल का डिजाइन वी.बी. डिजाइन लैब, चेन्नई के योगेश चंद्रहासन ने किया। नेशनल वॉर मेमोरियल के लिए नरेंद्र मोदी सरकार ने इंटरनेशनल डिजाइन कॉम्पिटीशन आयोजित की थी, जिसमें वेब डिजाइन लैब को अप्रैल 2018 में विजेता घोषित किया गया।

'नेशनल वॉर मेमोरियल' वर्ष 1947 में आजादी के बाद से अब तक देश के लिए वीरगति प्राप्त करनेवाले 26,466 भारतीय सैनिकों के सम्मान में बनाया गया। 'नेशनल वॉर मेमोरियल' पर वर्ष 1947-48, 1961 (गोवा), 1962 (चीन), 1965, 1971, 1987 (सियाचिन), 1987-88 (श्रीलंका), 1999 (कारगिल) और युद्ध रक्षक जैसे अन्य युद्धों में शहीद हुए सैनिकों के नाम आजादी के बाद शहीद हुए 13,300 भारतीय सैनिकों के नाम पत्थरों पर उत्कीर्ण किए गए हैं।

अब, सभी विशेष अवसरों पर प्रधानमंत्री, सैन्य प्रमुख, विदेशी राष्ट्राध्यक्ष

44 एकड़ में बने 'नेशनल वॉर मेमोरियल' पर सैनिकों को श्रद्धा-सुमन अर्पित करते हैं।

यह भी गौर करनेवाली बात है कि इंडिया गेट पर अमर जवान ज्योति के निर्माण से 12 वर्ष पहले वर्ष 1960 में सशस्त्र बलों ने पहली बार 'नेशनल वॉर मेमोरियल' का प्रस्ताव रखा था, लेकिन देश की सरकारों को नई दिल्ली में अपना स्वयं का 'नेशनल वॉर मेमोरियल' बनाने में छह दशक लग गए। □

5

भारत की ताकतवर सेना

प्रधानमंत्री नरेंद्र मोदी के नेतृत्व में देश की सैन्य ताकत लगातार मजबूत हो रही है। केंद्र सरकार ने सेना को आधुनिक बनाने, सैनिकों के लिए साजो-सामान खरीदने, नई तकनीक को विकसित करने जैसे कई फैसले लिये हैं। प्रधानमंत्री के नेतृत्व में केंद्र सरकार सैन्य ताकत को मजबूत करने के लिए हरसंभव कदम उठा रही है।

अपने त्योहार अकसर सेना के साथ मनाते हुए प्रधानमंत्री मोदी ने एक अवसर पर कहा, "आज हमारी सेना दुनिया की सबसे ताकतवर सेनाओं में से एक है। हमारे सैनिकों ने पहला वार अपने ऊपर लिया और चुनौतियों को करारा जवाब दिया। मैं पुलवामा के शहीदों को नमन करता हूँ। नया हिंदुस्तान नई नीति और रीति के साथ आगे बढ़ रहा है। इसमें एक बड़ा योगदान सैनिकों के शौर्य, अनुशासन और समर्पण का है।"

भारत के थलसेना प्रमुख जनरल बिपिन रावत ने कई बार कहा था कि भारतीय सेना ढाई मोर्चों पर एक साथ लड़ने के लिए पूरी तरह से तैयार है।

मोदी सरकार में रक्षामंत्री रहे मनोहर पर्रिकर ने सेना में सुधारों को अंजाम देने के लिए लेफ्टिनेंट जनरल शेकटकर की अध्यक्षता में एक समिति बनाई थी। इस समिति की 99 सिफारिशों में से सरकार ने 65 को वर्ष 2019 तक लागू करने के लिए कदम उठाया। इस समिति ने सेना में संख्या बल घटाने

और खर्चों में कटौती करने की सिफारिश की। अभी भारतीय सेना में करीब 14 लाख संख्या बल है। मोदी सरकार ने रक्षा क्षेत्र में एफ.डी.आई. को अब 100 प्रतिशत कर दिया है।

भारत के पास दुनिया की चौथी सबसे ताकतवर सेना है। 'ग्लोबल फायर पावर' द्वारा जारी दुनिया की ताकतवर सेनाओं की इस सूची में 133 देशों को शामिल किया गया, जिसमें भारत चौथे स्थान पर है। 'ग्लोबल फायर पावर' की सूची में अमेरिका की सेना को दुनिया की सबसे ताकतवर सेना बताया गया है, जबकि रूस को दूसरे स्थान पर और चीन को तीसरे स्थान पर रखा गया है। वहीं पड़ोसी देश पाकिस्तान को इस सूची में दसवें स्थान पर रखा गया है।

'ग्लोबल फायर पावर' किसी देश की सैन्य ताकत के विभिन्न पहलुओं को ध्यान में रखकर इस सूची को तैयार करता है। इसमें रक्षा बजट, आधुनिक हथियारों और सैनिकों की संख्या समेत कई फैक्टर्स के आधार पर रैंकिंग तय की जाती है। इस बार पाकिस्तान की सेना ने 0.2083 का स्कोर हासिल किया हैं। वहीं भारत का स्कोर 0.1214 है। शीर्ष स्थान पर काबिज अमेरिकी सेना का इंडेक्स 0.0721 है। आपको बता दें कि सबसे अच्छी रैंकिंग के लिए स्कोर 0.000 होना चाहिए। जिस देश का स्कोर इसके जितने करीब होगा, उसकी रैंकिंग उतनी ही अच्छी होगी।

टॉप 10 ताकतवर सेनाओं की सूची में भारत के बाद जापान, दक्षिण कोरिया, फ्रांस, ब्रिटेन और ब्राजील का नंबर है। पाकिस्तान ने इजराइल, कनाडा, ईरान और इंडोनेशिया को पीछे छोड़कर 5 स्थानों की छलाँग लगाई है। पाकिस्तान उन 15 देशों में से भी है, जिनकी रैंकिंग में सुधार हुआ है। रिपोर्ट के मुताबिक, पाकिस्तान की सेना में लगभग 6 लाख 40 हजार सैनिक हैं। वहीं भारतीय सेना में लगभग 14 लाख 80 हजार सैनिक तैनात हैं।

पाकिस्तान अपने वार्षिक बजट में से 7 अरब डॉलर रक्षा पर खर्च करता है। पाकिस्तान की आर्थिक स्थिति ठीक न होने के बावजूद भारी-भरकम रक्षा बजट को लेकर सवाल खड़े होते रहे हैं।

पाकिस्तान की सेना तुर्की, इटली, जर्मनी, सऊदी अरब, स्पेन और ऑस्ट्रेलिया की सेना से भी आगे है। हालाँकि, अगर भारत और पाकिस्तान की सेना की तुलना करें तो सैनिकों की संख्या से लेकर हथियार तक हर मामले में पाकिस्तान भारत से बहुत पीछे है।

प्रधानमंत्री नरेंद्र मोदी ने गत दिनों पूर्व सैनिकों को संबोधित करते हुए कहा, "'वन रैंक : वन पेंशन' के लिए पिछली सरकारों में पूर्व सैनिकों को कितना संघर्ष करना पड़ा, आंदोलन करना पड़ा, इसका देश साक्षी रहा है। बोफोर्स से लेकर हेलीकॉप्टर तक सारी जाँच का एक ही परिवार तक पहुँचना बहुत कुछ कह जाता है। सेना और देश की सुरक्षा को उन लोगों ने अपनी कमाई का साधन बना लिया था। शायद शहीदों को याद करके उन्हें कुछ मिल नहीं सकता था, इसलिए उन्हें भुलाना ही उन्हें आसान लगा।

"देश की सुरक्षा के साथ कितना बड़ा खिलवाड़ किया गया, वर्ष 2009 में सेना ने 1 लाख 86 हजार बुलेटप्रूफ जैकेट्स की माँग की थी। वर्ष 2009 से लेकर 2014 तक 5 साल बीत गए, लेकिन सेना के लिए बुलेटप्रूफ जैकेट्स नहीं खरीदी गईं। यह हमारी ही सरकार है, जिसने बीते साढ़े चार वर्षों में 2 लाख 30 हजार से ज्यादा बुलेटप्रूफ जैकेट्स खरीदीं।

"देश की सुरक्षा के लिए समाज के हर वर्ग से लोग आगे आएँ, यह जरूरी है। इस विचार के साथ पहली बार महिलाओं को भी फाइटर पायलट बनने का मौका मिल रहा है। अपने पुरुष फौजी साथियों की तरह अब महिलाओं को भी सेना में स्थायी सर्विस कमीशन मिलने लगा है।

"हमारे प्रयासों में दुनिया के बड़े-बड़े देश हमारे साथ कंधे-से-कंधा मिलाकर चलना चाहते हैं। यही कारण है कि वर्ष 2016 में हमारे इंटरनेशनल फ्लीट रिव्यू में 50 देशों की नौसेनाओं ने हिस्सा लिया। यही कारण है कि एक के बाद एक देश हमारे साथ रक्षा सहयोग के समझौते करना चाहते हैं।

"देश की सेना को आत्मनिर्भर बनाने की दिशा में हम लगातार काम कर रहे हैं। जिन फैसलों को असंभव समझा जाता था, उन्हें संभव बना रहे हैं। हमने

रक्षा उत्पादन के पूरे इको सिस्टम में बदलाव की शुरुआत की है। लाइसेंसिंग से निर्यात प्रक्रिया तक हम पूरे तंत्र में पारदर्शिता ला रहे हैं।

"बहुत लंबे समय से आपकी माँग थी कि आपके लिए सुपर स्पेशियलिटी अस्पताल बनाया जाए। आज इस ऐतिहासिक अवसर पर मुझे आपको यह बताने का सौभाग्य मिला है कि एक नहीं, बल्कि हम ऐसे तीन सुपर स्पेशियलिटी अस्पताल बनाने जा रहे हैं।

"देश की सेना का मनोबल देश की सुरक्षा तय करता है। इसलिए हमारे सभी प्रयासों में हमारी सोच और हमारे अप्रोच का केंद्रबिंदु हैं—हमारे सैनिक, हमारे फौजी भाई।

"नया हिंदुस्तान, नया भारत आज नई नीति और नई रीति के साथ आगे बढ़ रहा है, मजबूती के साथ विश्व-पटल पर अपनी भूमिका तय कर रहा है। उसमें एक बड़ा योगदान आपका शौर्य, अनुशासन और समर्पण है।

"आज मुझे बहुत संतोष है कि थोड़ी देर बाद आपका और देश का दशकों लंबा इंतजार खत्म होने वाला है। आजादी के सात दशक बाद माँ भारती के लिए बलिदान देने वालों की याद में निर्मित राष्ट्रीय युद्ध स्मारक उन्हें समर्पित किया जाने वाला है।

"इस ऐतिहासिक स्थान पर मैं पुलवामा में शहीद हुए वीर सपूतों, भारत की रक्षा में सर्वस्व न्योछावर करनेवाले हर बलिदानी को नमन करता हूँ। मैं राष्ट्र-रक्षा के सभी मोर्चों पर कठिन परिस्थितियों में डटे हर वीर-वीरांगना को भी नमन करता हूँ।

"कई दशकों से निरंतर राष्ट्रीय युद्ध स्मारक की माँग हो रही थी। कुछ प्रयास हुए, लेकिन कोई ठोस कार्य नहीं हुआ। आपके आशीर्वाद से हमने वर्ष 2014 में इस स्मारक का कार्य शुरू किया और इस कार्य को तय समय पर पूरा किया।

"आप सभी भूतपूर्व नहीं, अभूतपूर्व हैं; क्योंकि आप जैसे लाखों सैनिकों के शौर्य और समर्पण के कारण ही आज हमारी सेना की गिनती दुनिया की सबसे ताकतवर सेनाओं में होती है।

"राष्ट्र के मान और सम्मान के लिए आपका प्रधान सेवक राष्ट्र-हित को सर्वोपरि रखते हुए ही फैसले लेगा। देश की सुरक्षा, प्रगति और विकास मेरे लिए इतने पवित्र हैं कि इनके रास्ते में आए हर रोड़े से लड़ने के लिए मैं तैयार हूँ। तिरंगे के लिए जीने और तिरंगा ओढ़कर बलिदान देनेवालों को मैं नमन करता हूँ।"

□

6

भारत की सैन्य क्षमता में बढ़ोतरी

"भारत माता के शत्रुओं ने आपकी आग और रोष को देखा है। साथियो, लद्दाख का यह हिस्सा भारत का प्रतीकात्मक प्रमुख है और यह 130 करोड़ भारतीयों की प्रतिष्ठा एवं गौरव का प्रतिनिधित्व करता है। यह भूमि उन वीरों की है, जो भारत माता की पूजा करते हैं और उसके लिए अपना सर्वस्व न्योछावर करने के लिए सदैव तैयार रहते हैं।"

—नरेंद्र मोदी

प्रधानमंत्री मोदी के नेतृत्व में जल, थल और नभ—तीनों में भारत की मारक क्षमता बढ़ी है। मिसाइल टेक्नोलॉजी में भी भारत निरंतर प्रगति कर रहा है।

'अग्नि-5' मिसाइल का परीक्षण

भारत ने अब 'अग्नि-5' जैसी मिसाइल के जरिए 5,000 किलोमीटर तक मार करने की क्षमता हासिल कर ली है। यह मिसाइल परमाणु हथियार ले जाने में सक्षम है और स्वदेश में निर्मित लंबी दूरी की बैलिस्टिक मिसाइल है।

रक्षा अनुसंधान एवं विकास संगठन (डी.आर.डी.ओ.) के अनुसार, 'अग्नि' श्रृंखला की अन्य मिसाइलों के मुकाबले 'अग्नि-5' नेविगेशन एवं

गाइडेंस, वॉरहैड और इंजन के संदर्भ में नई तकनीकी के साथ सबसे उन्नत है। यह मिसाइल एंटी-बैलिस्टिक मिसाइल सिस्टम के खिलाफ काररवाई करने में सक्षम है। 'अग्नि-5' मिसाइल डेढ़ टन तक परमाणु हथियार ले जा सकती है। इसका वजन करीब 20 टन है। इसकी गति ध्वनि की गति से 24 गुना ज्यादा है।

'जीसैट-6ए' उपग्रह

देश की सेना और संचार को मजबूती देने के लिए 29 मार्च, 2018 को 'जीसैट-6ए' उपग्रह को श्रीहरिकोटा के अंतरिक्ष प्रक्षेपण केंद्र से सफलतापूर्वक अंतरिक्ष की कक्षा में स्थापित किया गया।

यह इसरो (ISRO) और भारतीय सेनाओं को सशक्त बनाने की दिशा में एक बड़ा कदम है। यह उपग्रह भारतीय सेनाओं के लिए संचार सेवाओं को और मजबूत व सुविधाजनक बनाएगा। 'जीसैट-6ए' की सफल लॉन्चिंग पर प्रधानमंत्री मोदी ने खुशी जताई और इसरो को बधाई दी। प्रधानमंत्री मोदी ने ट्वीट कर कहा, "इसरो को इस सफल लॉन्चिंग के लिए बधाई। 'जीसैट-6ए' एक संचार सैटेलाइट है और इससे मोबाइल एप्लिकेशन पर नई संभावनाएँ पैदा होंगी। देश को नई ऊँचाई तथा उज्ज्वल भविष्य की ओर ले जाने के लिए इसरो को बधाई।"

'जीसैट-6ए' को सेना के इस्तेमाल के हिसाब से भी डिजाइन किया गया है। इससे भारतीय सेनाओं को तीव्र और प्रभावी संचार की एक नई ताकत मिलेगी। यह सैटेलाइट रिमोट एरिया में मौजूद सेनाओं की टुकड़ियों के बीच बेहतर संचार प्रणाली विकसित करने में मददगार होगा। इस काम के लिए 'जीसैट-6ए' में लगा 6 मीटर चौड़ा एंटीना सैटेलाइट में लगनेवाले सामान्य एंटीना से तीन गुना ज्यादा बड़ा और शक्तिशाली है। यह भारतीय सेनाओं और उनकी टुकड़ियों के बीच हैंडहेल्ड डिवाइस के जरिए सीधी कॉलिंग को संभव बनाएगा। आमतौर पर, छोटे एंटीना वाले संचार उपग्रह से आपसी संचार के लिए बड़े ग्राउंड स्टेशन की जरूरत होती है; लेकिन 'जीसैट-6ए' अब सेनाओं के बीच के संचार को आसान और तीव्र बना देगा।

'पृथ्वी-2' मिसाइल का परीक्षण

भारत अब अँधेरे में मिसाइल से दुश्मन का लक्ष्य भेदने में भी सक्षम हो गया है। 15 जून, 2022 को देश में निर्मित और परमाणु हथियार ले जाने में सक्षम 'पृथ्वी-2' मिसाइल का ओडिशा के केंद्र से सफल परीक्षण किया गया। रक्षा अधिकारियों के अनुसार, सतह से सतह पर मार करनेवाली 'पृथ्वी-2' मिसाइल अँधेरे में 350 किलोमीटर तक लक्ष्य भेदने में सक्षम है। इस मिसाइल को ओडिशा के चाँदीपुर स्थित प्रक्षेपण केंद्र से दागा गया। इस परीक्षण को सेना की रणनीतिक बल कमान ने अंजाम दिया, साथ ही रक्षा अनुसंधान एवं विकास संगठन (D.R.D.O.) के वैज्ञानिकों ने इसकी निगरानी की। इससे पहले 7 फरवरी, 2022 को भी 'पृथ्वी-2' मिसाइल का सफल प्रायोगिक परीक्षण किया गया था। उल्लेखनीय है कि मिसाइल के मामले में भारत काफी ताकतवर हो गया है। इससे पहले भी 20 फरवरी को 'अग्नि-2', 6 फरवरी को 'अग्नि-1' और 18 जनवरी को 'अग्नि-5' मिसाइल का सफल परीक्षण किया गया था।

1,751 करोड़ रुपए के रक्षा सौदों को मंजूरी

मोदी सरकार में सेना की क्षमता बढ़ाने और अत्याधुनिक हथियारों व साजो-सामान से लैस करने के लिए रक्षा सौदों को अंतिम रूप देने में तेजी आई। 20 फरवरी, 2018 को रक्षामंत्री निर्मला सीतारमण की अध्यक्षता में रक्षा खरीद परिषद् ने 1,751 करोड़ रुपए के रक्षा सौदों को अपनी मंजूरी दी। इन सौदों में 1,125 करोड़ रुपए की लागत से थलसेना में मेकैनाइज्ड इन्फैंट्री के लिए 156 कॉम्बैट वाहन बीएमपी-2 का अधिग्रहण किया जाएगा। इससे मेकैनाइज्ड इन्फैंट्री की ऑपरेशनल जरूरतें पूरी होंगी। इसके साथ ही, मोदी सरकार ने 626 करोड़ रुपए की लागत से नौसेना के लिए सर्वे ट्रेनिंग वेसल की खरीद को भी हरी झंडी दी। इस सर्वेक्षण जलपोत से बंदरगाहों पर बढ़ती हाइड्रोग्राफिक सर्वे संबंधी नौसेना की जरूरतें पूरी होंगी।

रक्षा बजट में विश्व के शीर्ष पाँच देशों में भारत

सैन्य ताकत को मजबूत करने की कड़ी में भारत रक्षा बजट के मामले में ब्रिटेन को पीछे छोड़ते हुए दुनिया के शीर्ष पाँच बजट में शामिल हो गया। लंदन स्थित एक वैश्विक विचार समूह 'इंटरनेशनल इंस्टीट्यूट फॉर स्ट्रेटेजिक स्टडीज' (आई.आई.एस.एस.) की मिलिटरी बैलेंस 2018 रिपोर्ट के मुताबिक, भारत वर्ष 2017 में 52.5 अरब डॉलर के खर्च के साथ रक्षा बजट के मामले में ब्रिटेन को पीछे छोड़कर पाँचवें स्थान पर पहुँच गया। इससे पहले वर्ष 2016 में रक्षा बजट 51.1 अरब डॉलर था। रिपोर्ट में कहा गया है कि भारत अपनी सैन्य क्षमता का आधुनिकीकरण कर रहा है।

15 हजार करोड़ रुपए की हथियार खरीद को मंजूरी

मोदी सरकार ने सशस्त्र बलों के लिए आवश्यक हथियार खरीदने की एक योजना को मंजूरी दी। रक्षामंत्री निर्मला सीतारमण की अध्यक्षता में 13 फरवरी, 2018 को हुई रक्षा खरीद परिषद् की बैठक में 15,935 करोड़ रुपए के रक्षा सौदों को मंजूरी दी गई। इस मंजूरी में देश के सीमावर्ती क्षेत्रों में तैनात सैनिकों को बेहतर हथियार मुहैया कराने पर खासा ध्यान दिया गया। जिन हथियारों की खरीद को मंजूरी दी गई, उनमें लाइट मशीन गन, असॉल्ट राइफल्स एवं स्नाइपर राइफल्स आदि शामिल हैं। सबसे अहम बात यह है कि इन हथियारों की खरीद फास्ट ट्रैक प्रक्रिया के माध्यम से की जाएगी।

यू.पी.ए. सरकार में पूरी नहीं हो पाई सेना की माँग

सेना ने इन हथियारों की माँग 13 साल पहले की थी; लेकिन पूर्व की यू.पी.ए. सरकार ने सेना की इस अहम जरूरत पर ध्यान नहीं दिया। प्रधानमंत्री नरेंद्र मोदी ने तत्परता दिखाते हुए रक्षा मंत्रालय को इन हथियारों को जल्द-से-जल्द खरीदने का निर्देश दिया। इसके बाद इन हथियारों की खरीद में आनेवाली सभी अड़चनों को दूर कर सेना को अत्याधुनिक हथियारों से लैस

करनेवाले खरीद प्रस्ताव को मंजूर किया गया। इसके तहत मोदी सरकार ने 1,819 करोड़ रुपए की लागत से सेना के लिए लाइट मशीन गन खरीदने की मंजूरी दी। इसके अलावा, सेना के तीनों अंगों के लिए 12,280 करोड़ रुपए की लागत से 7.4 लाख असॉल्ट राइफल्स की खरीद को भी हरी झंडी दी गई। इतना ही नहीं, थलसेना और वायुसेना के लिए 982 करोड़ रुपए से 5,719 स्नाइपर राइफल्स की खरीद के प्रस्ताव को भी मंजूर किया गया। सबसे बड़ी बात यह है कि 'मेक इन इंडिया' के तहत इनके लिए गोला-बारूद देश में ही बनाया जाएगा।

एडवांस्ड टॉरपीडो डिकॉय सिस्टम के प्रस्ताव को भी हरी झंडी

राइफल और मशीन गन्स के अलावा केंद्र सरकार ने नौसेना के जहाजों की एंटी-सबमरीन वारफेयर क्षमताएँ बढ़ाने के लिए रक्षा खरीद परिषद् ने एडवांस्ड टॉरपीडो डिकॉय सिस्टम के अधिग्रहण के प्रस्ताव को भी हरी झंडी दी। साथ ही, डी.आर.डी.ओ. के मारीच सिस्टम का सफलतापूर्वक परीक्षण किया गया। मारीच सिस्टम को भारत इलेक्ट्रॉनिक्स लिमिटेड 850 करोड़ रुपए की लागत से नौसेना के लिए तैयार करेगा।

वायुसेना में फिर शामिल होगा फाइटर प्लेन 'डकोटा'

प्रधानमंत्री मोदी के नेतृत्व में सेना के तीनों अंगों को ताकतवर बनाने के क्रम में भारतीय वायुसेना में एक बार फिर लड़ाकू विमान 'डकोटा' शामिल होने वाला है। इस लड़ाकू विमान ने पाकिस्तान से हुए सन् 1947 और 1971 के युद्धों में अहम भूमिका निभाई थी। यह विमान कबाड़ हो चुका था; लेकिन पिछले वर्षों में इसे पुनरुज्जीवित करने के लिए ब्रिटेन में काम किया जा रहा था। अब यह विमान मरम्मत के बाद तैयार हो चुका है और जल्द ही वायुसेना के उत्तर प्रदेश स्थित हिंडन एयरबेस पर विरासती बेड़े का हिस्सा होगा। वायुसेना के अनुसार, इस विमान को वर्ष 1930 में तत्कालीन रॉयल इंडियन एयरफोर्स में शामिल किया गया था। यह बारहवीं स्क्वाड्रन का हिस्सा था और

मुख्य तौर पर लद्दाख एवं पूर्वोत्तर क्षेत्र में काम करता था। इस विमान को अब 'परशुराम' नाम दिया गया है।

बिना पायलट वाले लड़ाकू विमान का निर्माण भी अंतिम चरण में

रक्षा क्षेत्र में हमेशा 'मेक इन इंडिया' को बढ़ावा देनेवाले प्रधानमंत्री नरेंद्र मोदी का असर है कि भारत का पहला बिना पायलट वाला लड़ाकू विमान निर्माण के अंतिम चरण में पहुँच गया है। 'घातक' नाम के इस प्रोजेक्ट के तहत इस लड़ाकू विमान का प्रोटोटाइप 'स्विफ्ट' तैयार होने के अंतिम चरण में है। मार्च 2019 में इसकी पहली फ्लाइट टेस्ट की गई। इसके बाद विमान के प्रोडक्शन को लेकर काम शुरू हुआ। इस प्रोजेक्ट पर डिफेंस रिसर्च एंड डेवलपमेंट ऑर्गेनाइजेशन (डी.आर.डी.ओ.) और एयरोनॉटिकल डेवलपमेंट एजेंसी मिलकर काम कर रहे हैं। 'घातक' का एयरफ्रेम डिजाइन करने में एयरोनॉटिकल डेवलपमेंट एजेंसी ने आई.आई.टी., कानपुर की मदद ली। यह विमान रडार को चकमा देने में सक्षम है। प्रधानमंत्री नरेंद्र मोदी इस विमान को लेकर काफी गंभीर हैं। यही वजह है कि पी.एम.ओ. इस प्रोजेक्ट पर सीधे नजर रखे हुए है। अभी अमेरिका, ब्रिटेन, फ्रांस, चीन और इजराइल के पास ही पायलट-रहित लड़ाकू विमान की टेक्नोलॉजी है।

प्रधानमंत्री नरेंद्र मोदी के नेतृत्व में पिछले कुछ वर्षों में रक्षा के क्षेत्र में हमारा देश कई ऐसे घटनाक्रमों का गवाह बना, जिनसे न सिर्फ दुनिया में भारत का मान बढ़ा, बल्कि देशवासियों में भी सुरक्षा की भावना मजबूत हुई। इन वर्षों में देश की रक्षा से जुड़े कई कदम उठाए जाने के साथ ही बड़ी-बड़ी उपलब्धियाँ भी सामने आईं।

'करंज' पनडुब्बी ने बढ़ाई नौसेना की ताकत

'मेक इन इंडिया' के तहत भारत में निर्मित स्कॉर्पीन श्रेणी की तीसरी पनडुब्बी आई.एन.एस. 'करंज' पिछले दिनों नौसेना के बेड़े में शामिल हुई। मुंबई मझगाँव डॉक पर आई.एन.एस. 'करंज' को लॉन्च किया गया। सबसे

महत्त्वपूर्ण बात यह है कि 'करंज' एक स्वदेशी पनडुब्बी है, जो प्रधानमंत्री नरेंद्र मोदी के 'मेक इन इंडिया' कार्यक्रम के तहत तैयार की गई। लगभग डेढ़ महीने के अंदर स्कॉर्पीन श्रेणी की 'कलवरी' और 'खांदेरी' पनडुब्बियों के बाद 'करंज' तीसरी पनडुब्बी है, जो नौसेना में शामिल हुई।

'करंज' पनडुब्बी कई आधुनिक फीचर्स से लैस है और दुश्मनों को चकमा देकर सटीक निशाना लगा सकती है। इसके साथ ही 'करंज' टॉरपीडो और एंटी-शिप मिसाइलों से हमले भी कर सकती है। 'करंज' पनडुब्बी में कई और खूबियाँ हैं। यह पनडुब्बी रडार की पकड़ में नहीं आ सकती। यह जमीन पर हमला करने में सक्षम है। इसमें ऑक्सीजन बनाने की भी क्षमता है। यही वजह है कि 'करंज' पनडुब्बी लंबे समय तक पानी में रह सकती है। युद्ध की स्थिति में 'करंज' पनडुब्बी हर तरह के हालात से सुरक्षित और बड़ी आसानी से दुश्मन को चकमा देकर बाहर निकल सकती है। इसमें सतह पर पानी के अंदर से दुश्मन पर हमला करने की खासियत भी है। इस पनडुब्बी को इस तरह से डिजाइन किया गया है कि इसे किसी भी तरह के युद्ध में संचालित किया जा सकता है। यह पनडुब्बी हर तरह के वॉरफेयर, एंटी-सबमरीन वॉरफेयर और इंटेलिजेंस को इकट्‌ठा करने जैसे कामों को भी बखूबी अंजाम दे सकती है। 'करंज' पनडुब्बी 67.5 मीटर लंबी, 12.3 मीटर ऊँची तथा 1,565 टन वजनी है।

आई.एन.एस. 'कलवरी'

प्रधानमंत्री नरेंद्र मोदी ने भारत में बनी स्कॉर्पीन श्रेणी की पहली पनडुब्बी आई.एन.एस. 'कलवरी' को 6 अप्रैल, 2015 को लॉञ्च किया। वेस्टर्न नेवी कमांड में आयोजित एक कार्यक्रम में प्रधानमंत्री मोदी की मौजूदगी में इस पनडुब्बी को नौसेना में कमीशंड किया गया। इस पनडुब्बी ने न केवल नौसेना की ताकत को अलग तरीके से परिभाषित किया, बल्कि 'मेक इन इंडिया' कार्यक्रम के लिए भी इसे एक मील का पत्थर माना गया। 'कलवरी' पनडुब्बी को फ्रांस की एक कंपनी ने डिजाइन किया था, तो वहीं 'मेक इन इंडिया'

के तहत इसे मुंबई के मझगाँव डॉकयार्ड में तैयार किया गया। आई.एन.एस. 'कलवरी' के बाद 12 जनवरी, 2018 को स्कॉर्पीन श्रेणी की दूसरी पनडुब्बी आई.एन.एस. 'खांदेरी' को लॉञ्च किया गया। 'कलवरी' और 'खांदेरी' पनडुब्बियाँ भी आधुनिक फीचर्स से लैस हैं। ये दुश्मन की नजरों से बचकर सटीक निशाना लगाने में सक्षम हैं, साथ ही टॉरपीडो एवं एंटी-शिप मिसाइलों से हमले भी कर सकती हैं।

□

7

अग्निपथ योजना

"यह धरती वीरों की है। मैं आपकी आँखों में और आपके चेहरे पर आपकी क्षमता एवं आपके संकल्प को देख सकता हूँ। आप उसी देश के वीर सैनिक हैं, जिसने हजारों वर्षों से कई आक्रमणकारियों और अत्याचारियों के हमलों को नाकाम किया है। हम वही लोग हैं, जो भगवान् श्रीकृष्ण की बाँसुरी बजाते हुए प्रार्थना करते हैं; लेकिन हम भी वही लोग हैं, जो भगवान् श्रीकृष्ण को लेकर सुदर्शन चक्र की पूजा करते हैं और उसका पालन करते हैं।"

—नरेंद्र मोदी

प्रधानमंत्री मोदी के नेतृत्व में देश के रक्षामंत्री राजनाथ सिंह द्वारा वर्ष 2022 में 'अग्निपथ योजना' लॉन्च की गई। इस योजना के अंतर्गत देश के नागरिकों को 4 साल के लिए सेना में भरती किया जाएगा। इस योजना के माध्यम से देश के वे सभी युवा, जो भारतीय सेना में हिस्सा लेना चाहते हैं, अपना सपना पूरा कर सकते हैं।

'अग्निपथ योजना' के माध्यम से भारतीय सेना की तीनों शाखाओं—थलसेना, नौसेना और वायुसेना में बड़ी संख्या में भरती की जाएगी। यह भरती 'अग्निपथ योजना' के अंतर्गत की जाएगी। इस योजना के अंतर्गत सैनिकों की भरती 4 साल के लिए की जाएगी। इस योजना को आरंभ करने की घोषणा

रक्षामंत्री राजनाथ सिंह और सेना के तीनों अंगों के प्रमुखों द्वारा की गई। इस योजना के अंतर्गत भरती किए गए नौजवानों को 'अग्निवीर' कहा जाएगा।

'अग्निपथ योजना' को मंजूरी सूक्ष्म मामलों की मंत्रिमंडल समिति की बैठक में प्रदान की गई। सरकार द्वारा इस योजना को लॉन्च करने का निर्णय 14 जून, 2022 को लिया गया। यह योजना रोजगार के अवसरों को बढ़ाने में भी कारगर साबित होगी। इसके अलावा, देश की सुरक्षा को भी इस योजना के संचालन से मजबूत बनाया जा सकेगा। सेना के तीनों प्रमुखों द्वारा प्रधानमंत्री नरेंद्र मोदी को इस योजना को आरंभ करने से पहले योजना का प्रोजेक्शन भी किया गया।

45 हजार युवाओं की भरती

'अग्निपथ योजना' के तहत सेना, नौसेना और वायुसेना में जवानों की भरतियाँ होंगी। इनकी रैंक मौजूदा रैंक से अलग होगी और ये 'अग्निवीर' कहलाएँगे। इस योजना के तहत हर साल करीब 40-45 हजार युवाओं को सेना में शामिल किया जाएगा।

योजना के खिलाफ कई राज्यों में विरोध को देखते हुए सरकार ने वर्ष 2022 में भरती के लिए ऊपरी आयु सीमा को इस साल (2022) के लिए बढ़ाकर 23 वर्ष कर दिया है।

'अग्निपथ योजना' का उद्देश्य

'अग्निपथ योजना' के अंतर्गत युवाओं को उच्च सैन्य कौशल का प्रशिक्षण प्रदान किया जाएगा। इस प्रशिक्षण के माध्यम से वे प्रशिक्षित एवं अनुशासित बन सकेंगे। यह योजना देश की बेरोजगारी दर को घटाने में भी कारगर साबित होगी। इसके अलावा, देश के नागरिक इस योजना के संचालन से सशक्त एवं आत्मनिर्भर बन सकेंगे। इस योजना के संचालन से जवानों की औसतन उम्र घटकर 26 साल हो जाएगी। इसके अलावा, इन सभी युवाओं में से 25 प्रतिशत नौजवानों को स्थायी सेवा में रखा जाएगा।

'अग्निपथ योजना' के अंतर्गत नियुक्त किए गए नौजवानों की कार्यावधि पूरी होने के पश्चात् रक्षा बलों द्वारा सैनिकों को आगे सेवा में भी रखा जा सकता है। अधिकांश सैनिकों को 4 साल के अंत में सेवा से मुक्त कर दिया जाएगा और उनको आगे रोजगार के अवसर के लिए सशक्त बलों से सहायता प्रदान की जाएगी। इसके अलावा, कॉरपोरेट घराने भी ऐसे प्रशिक्षित एवं अनुशासित युवाओं को नौकरी प्रदान करेंगे। इस योजना के अंतर्गत 17.5 से 21 वर्ष तक के नौजवानों को सेना में रखा जाएगा।

सेवा अवधि पूरी होने के पश्चात् नौजवानों को 11.71 लाख रुपए प्रदान किए जाएँगे। लगभग 46,000 युवाओं को 'अग्निपथ योजना' के अंतर्गत भरती की जाएगी। इस योजना के अंतर्गत लड़कियों का भी चयन किया जाएगा।

भरती किए गए सभी 'अग्निवीरों' के प्रशिक्षण की अवधि 10 सप्ताह से लेकर 6 महीने निर्धारित की गई है। इस योजना के अंतर्गत किसी विशेष रेजीमेंट की जगह राष्ट्रीय स्तर पर 'अग्निवीरों' की भरती की जाएगी।

विशेष तथ्य

'अग्निवीर' द्वारा दसवीं कक्षा में न्यूनतम कुल 45 प्रतिशत अंक और प्रत्येक विषय में 33 प्रतिशत अंक प्राप्त होने चाहिए। वे बोर्ड, जो ग्रेडिंग सिस्टम को अपनाते हैं, उनमें 'अग्निवीर' द्वारा प्रत्येक विषय में न्यूनतम 'डी' ग्रेड प्राप्त होने चाहिए और पूर्णतः सी2 ग्रेड प्राप्त होने चाहिए। वे आवेदक, जिन्होंने आई.टी.आई. किया है, वे भी योजना के अंतर्गत आवेदन कर सकते हैं।

सभी 'अग्निवीरों' की सेवा शर्तें नियमित सैनिकों के जैसी ही होंगी। 24 जून, 2022 को 'अग्निपथ योजना' के अंतर्गत प्रथम पंजीकरण आरंभ किया गया।

इस योजना के अंतर्गत ऑनलाइन परीक्षा प्रक्रिया 24 जुलाई, 2022 को आरंभ की गई। वायुसेना में 'अग्निवीरों' का पहला बैच दिसंबर 2022

में शामिल किया गया। इस बैच का प्रशिक्षण 30 दिसंबर, 2022 को आरंभ किया गया।

भारतीय नौसेना द्वारा जून 2022 में 'अग्निपथ योजना' के अंतर्गत भरती का ब्योरा जारी किया गया। योजना के अंतर्गत दूसरा बैच फरवरी 2023 में किया जाएगा।

इस योजना के अंतर्गत चुने गए 'अग्निवीरों' के पहले बैच ने 21 नवंबर, 2022 को प्रशिक्षण संस्थानों में रिपोर्ट की। इसके अलावा, इस योजना के अंतर्गत भरती रैली अगस्त, सितंबर और अक्तूबर 2022 में आयोजित की गई। फरवरी 2023 में 'अग्निवीरों' के दूसरे बैच को शामिल किया जाएगा।

अपंगता की स्थिति में चिकित्सा अधिकारियों द्वारा निर्धारित दिव्यांगता के प्रतिशत के आधार पर मुआवजा प्रदान किया जाएगा।

कार्यकाल पूरा होने के पश्चात् 'उम्मीदवार सेवा निधि' प्राप्त कर सकते हैं। इसके अलावा, प्राप्त कौशल का प्रमाण-पत्र और उच्चतर शिक्षा के लिए क्रेडिट का प्रावधान भी किया जाएगा।

'अग्निवीरों' का चयन एक पारदर्शी तरीके से किया जाएगा। 'अग्निपथ योजना' के अंतर्गत उच्च शिक्षा प्राप्त करने के लिए 'अग्निवीरों' को प्रोत्साहित किया जाएगा। सेवा-मुक्त 'अग्निवीर' को किसी भी प्रकार की पेंशन या भत्ता प्रदान नहीं किया जाएगा।

एक्स सर्विसमैन कंट्रीब्यूटरी हेल्थ स्कीम, कैंटीन स्टोर डिपार्टमेंट फैसिलिटी, एक्स सर्विसमैन स्टेटस एवं अन्य—सेना को प्रदान किए जानेवाले लाभ भी 'अग्निवीर' को नहीं प्रदान किए जाएँगे।

यदि 'अग्निवीर' द्वारा सेना की गुप्त जानकारी सार्वजनिक की गई या किसी से साझा की गई तो ऑफिशल सीक्रेट ऐक्ट, 1923 के अंतर्गत कारवाई की जाएगी।

यदि 'अग्निवीरों' को स्थायी तौर पर भरती कर लिया जाता है तो उस स्थिति में 'अग्निवीर' को केवल उसके कंट्रीब्यूशन की राशि ही प्रदान की जाएगी।

यदि 'अग्निवीर' अवधि पूरी होने से पहले ही इस्तीफा दे देता है तो उस स्थिति में केवल उसके द्वारा जमा किया गया कंट्रीब्यूशन ही प्रदान किया जाएगा। यदि 'अग्निवीर' दसवीं कक्षा पास करके सेना में भरती होता है तो उसको 4 साल की सेवा प्रदान करने के पश्चात् बारहवीं कक्षा उत्तीर्ण करने का सर्टिफिकेट प्रदान किया जाएगा।

'अग्निपथ योजना' की चयन-प्रक्रिया

- इस योजना के अंतर्गत उम्मीदवारों का चयन सेना द्वारा जारी की गई मेरिट लिस्ट के आधार पर किया जाएगा।
- लिखित परीक्षा, फिजिकल टेस्ट, साक्षरता आदि के आधार पर मेरिट लिस्ट को तैयार किया जाएगा।

वेतन एवं भत्ते

पहले वर्ष में 'अग्निवीरों' को 4.76 लाख रुपए का सालाना पैकेज प्रदान किया जाएगा। यह पैकेज 4 वर्ष में 6.92 लाख रुपए हो जाएगा। 'अग्निवीरों' को पहले वर्ष में प्रतिमाह 30,000 रुपए का वेतन प्रदान किया जाएगा, जिसमें 30 प्रतिशत, यानी कि 9,000 रुपए पी.एफ. की कटौती होगी और सरकार द्वारा भी इतनी ही राशि का अंशदान प्रदान किया जाएगा, जिसके पश्चात् प्रतिमाह 21,000 रुपए का वेतन प्रदान किया जाएगा। सरकार द्वारा साल में 10 प्रतिशत वेतन वृद्धि की जाएगी। चौथे साल में प्रतिमाह 40,000 रुपए वेतन प्रदान किया जाएगा।

इसके अलावा, 4 वर्ष के पश्चात् एकमुश्त 11.71 लाख रुपए की सेवा निधि भी 'अग्निवीर' को प्रदान की जाएगी, जिस पर कोई भी टैक्स नहीं लगेगा। इसके अलावा, यदि किसी मुश्किल जगह पर तैनाती होती है तो इस स्थिति में सेना के अन्य जवानों की तरह हाईशिप भत्ता भी प्रदान किया जाएगा। 'अग्निवीरों' को 48 लाख रुपए का बीमा कवर भी प्रदान किया जाएगा और यदि 4 वर्ष की सेवा के दौरान उसकी मृत्यु हो जाती है तो 'अग्निवीर' के

परिवार को 1 करोड़ रुपए का मुआवजा प्रदान किया जाएगा। 'अग्निवीरों' को बैंक ऋण की सुविधा भी प्रदान की जाएगी।

भ्रांति-निवारण

'अग्निवीरों' का भविष्य असुरक्षित : वे सभी 'अग्निवीर', जो उद्यमी बनने के इच्छुक हैं, को सरकार द्वारा वित्तीय पैकेज एवं बैक ऋण प्रदान किया जाएगा। वे 'अग्निवीर', जो आगे पढ़ना चाहते हैं, उनको बारहवीं के समक्ष प्रमाण-पत्र प्रदान करके ब्रिज कोर्स कराया जाएगा। वे नागरिक, जो जॉब प्राप्त करने के इच्छुक हैं, उनको केंद्रीय सशक्त सुरक्षा बलों एवं राज्य पुलिस बल में नौकरी के अवसर प्रदान किए जाएँगे। इसके अलावा अन्य कई सेक्टर भी 'अग्निवीरों' के लिए खोले जाएँगे, जिनसे उनके भविष्य को सुरक्षित बनाया जा सके।

युवाओं को कम अवसर प्राप्त होंगे : वे सभी नागरिक, जो 'अग्निवीर' बनेंगे, उन्हें सशक्त सैन्य बलों में भरती होने के अवसर बढ़ेंगे। सशक्त सैन्य बलों में मौजूदा संख्या से तीन गुना अधिक 'अग्निवीरों' की भरती की जाएगी।

रेजिमेंटल निष्ठा प्रभावित होगी : भारत सरकार द्वारा रेजिमेंटल प्रणाली में कोई भी बदलाव नहीं किया जाएगा। इस योजना के संचालन से रेजिमेंटल प्रणाली और मजबूत बनेगी, क्योंकि यहाँ श्रेष्ठ 'अग्निवीर' चुनकर आएँगे।

सैन्य बलों की कार्यक्षमता प्रभावित होगी : दुनिया भर के अधिकतर देशों में देश के नागरिकों की भरती सैन्य बलों में कम अवधि के लिए की जाती है। सरकार द्वारा पहले वर्ष में कुल सैन्य बल के 3 प्रतिशत 'अग्निवीर' की भरती सेना में की जाएगी। इसके पश्चात् 'अग्निवीरों' के प्रदर्शन की जाँच करने के पश्चात् 4 वर्ष बाद सेना में उनको फिर से शामिल किया जाएगा। इस प्रणाली से सेना को अनुभवी सैनिक मिल सकेंगे।

कम आयु के सैनिक विश्वसनीय नहीं होंगे : विश्व भर में अधिकतम सेनाओं में इसी आयु वर्ग के युवा होते हैं। 'अग्निवीर योजना' के माध्यम से

अनुभवी युवा को वरिष्ठ अधिकारियों के बराबर अनुपात में सेना में शामिल किया जाएगा।

'अग्निपथ' गेम चेंजर योजना

'अग्निपथ योजना' को सरकार ने गेम चेंजर बताया है। विरोध को दरकिनार कर दें तो इस योजना को लेकर युवाओं में भारी जोश है। 4 साल की नौकरी में 'अग्निवीर' को पहले साल 30,000 रुपए महीने वेतन मिलेगा। दूसरे साल में हर माह 33,000 रुपए, तीसरे साल में 36,500 रुपए और चौथे साल 40,000 रुपए मासिक वेतन मिलेगा। इस वेतन में से हर महीने 30 प्रतिशत राशि कटेगी और इतनी ही राशि सरकार भी इसमें जोड़ेगी, जिसे आप 'रिटायरमेंट फंड' कह सकते हैं।

वेतन के अलावा रिस्क और हार्डशिप एलाउंस, राशन एलाउंस, ड्रेस व ट्रैवल एलाउंस मिलेगा। सामान्य भाषा में कहें तो खाना-पीना, इलाज और रहना सब फ्री रहेगा। नौकरी के दौरान 4 वर्ष में एक 'अग्निवीर' को कुल 11,72,160 रुपए वेतन मिलेगा।

4 साल की सेवा के बाद फिर रिटायरमेंट फंड के तौर पर एकमुश्त 11,72,160 रुपए मिलेंगे। कुल मिलाकर, 4 साल की नौकरी में वेतन और रिटायरमेंट के तौर पर 23,43,160 रुपए मिलेंगे। इस पैसे पर कोई इनकम टैक्स नहीं लगेगा। इसमें आधा योगदान 'अग्निवीर' का रहेगा और आधा सरकार देगी।

सरकार का तर्क है कि 'अग्निवीर' को सुविधाएँ नियमित सैनिक की तरह ही मिलेंगी। इसलिए वे चाहें तो वेतन के तौर पर मिलनेवाली राशि को भी बचा सकते हैं। इस पैसे से वे उच्च शिक्षा समेत अपना व्यवसाय खड़ा कर सकते हैं।

इसके अलावा, सरकार का कहना है कि अधिकतर युवा बारहवीं कक्षा के बाद स्किल ट्रेनिंग लेते हैं या हायर एजुकेशन लेते हैं और फिर जॉब ढूँढ़ते हैं। हम युवाओं को एक साथ तीन मौके दे रहे हैं। उन्हें अच्छा वेतन मिलेगा,

4 साल में अच्छा बैंक बैलेंस हो जाएगा। साथ ही, जॉब के दौरान उन्हें स्किल ट्रेनिंग भी दी जाएगी।

'राष्ट्रीय शिक्षा नीति' के तहत उन्हें जो भी फॉर्मल ट्रेनिंग दी जाएगी, उसका क्रेडिट पॉइंट उन्हें मिलेगा। उससे वे 4 साल बाद उच्च शिक्षा ले सकते हैं। वे 4 साल सेना में रहकर ज्यादा आत्मविश्वास के साथ बाहर जाएँगे।

इन 'अग्निवीरों' में से ही अधिकतम 25 प्रतिशत को फिर बाद में स्थायी होने का मौका दिया जाएगा, यानी 4 में से 1 'अग्निवीर' को पक्की नौकरी मिलेगी। सरकार की मानें तो 4 साल सेना में रहकर लौटा युवा दूसरों की अपेक्षा नौकरी पाने के लिए ज्यादा योग्य होगा। 4 साल में 'अग्निवीरों' के लिए ग्रेजुएशन डिग्री कोर्स होगा। ग्रेजुएशन डिग्री कोर्स की मान्यता देश-विदेश में होगी।

सेवा के दौरान अगर कोई 'अग्निवीर' वीरगति को प्राप्त हो जाता है तो उसके परिवार को 1 करोड़ रुपए की सहायता राशि मिलेगी। साथ ही, 'अग्निवीर' की बची हुई सेवा का वेतन भी परिवार को मिलेगा। वहीं, अगर कोई 'अग्निवीर' सेवा के दौरान अपंग हो जाता है तो उसे 44 लाख रुपए की राशि दी जाएगी और बाकी बची सेवा का वेतन भी मिलेगा।

□

8

वन रैंक : वन पेंशन

"भारत हर हमले के बाद मजबूत हुआ है। दुनिया इस बात को मानती है कि किसी भी देश या मानवता के विकास के लिए शांति और दोस्ती बहुत जरूरी है; लेकिन हम यह भी जानते हैं कि जो कमजोर होते हैं, वे कभी भी शांति की शुरुआत नहीं कर सकते। शांति के लिए बहादुरी एक शर्त है।"

—नरेंद्र मोदी

प्रधानमंत्री नरेंद्र मोदी को केंद्र की सत्ता में रहते हुए 8 साल हो गए हैं और इस दौरान उनकी सरकार ने सेना में बदलाव को लेकर कई कदम उठाए हैं। मोदी सरकार ने पिछले 8 साल में सेना में पाँच बड़े बदलाव किए हैं। ये वे बदलाव हैं, जिन्हें सेना की मरम्मत के तौर पर देखा जा रहा है।

सत्ता में आते ही मोदी सरकार ने सेना में जो सबसे पहला बदलाव किया, वह 'वन रैंक : वन पेंशन' का था। 7 नवंबर, 2015 को 'वन रैंक : वन पेंशन' का नोटिफिकेशन जारी हुआ। सरकार की यह योजना अलग-अलग समय पर रिटायर हुए एक रैंक के फौजियों की समान पेंशन के लिए लाया गया। 'वन रैंक : वन पेंशन' को 1 जुलाई, 2014 से लागू किया गया। सरकार की इस योजना से 20 लाख से ज्यादा पूर्व सैनिकों को लाभ मिला।

'वन रैंक : वन पेंशन' के कार्यान्वयन से पहले पेंशन की गणना कर्मियों द्वारा उनकी सेवानिवृत्ति के समय एक विशेष वेतनमान/वेतन बैंड में निकाले गए वेतन से जुड़ी थी। वेतन आयोगों की सिफारिश पर वेतनमान को उच्चतर पक्ष में संशोधित किया जाता है। वेतनमान के संशोधन के बाद सेवानिवृत्त होनेवाले कर्मियों को पहले से सेवानिवृत्त हुए लोगों की तुलना में अधिक पेंशन मिलती है, इसलिए अतीत और वर्तमान के सेवानिवृत्त लोगों की पेंशन में अंतर बना रहता है।

पूर्व सैनिक पिछले 40 वर्षों से अधिक समय से 'वन रैंक : वन पेंशन' के कार्यान्वयन के लिए आंदोलन कर रहे थे; लेकिन वर्ष 2015 से पहले इसे अंतिम रूप नहीं दिया गया। 'वन रैंक : वन पेंशन' के मुद्दे पर पूर्व में विभिन्न समितियों एवं निकायों द्वारा विचार किया गया। केंद्र सरकार के अन्य कर्मचारियों के लिए भी आमतौर पर इसे स्वीकार्य नहीं पाया गया। इन समितियों एवं निकायों की सिफारिशों का सार संक्षेप में है—तीसरा केंद्रीय वेतन आयोग। इसमें रैंकों के आधार पर 3 से 9 साल तक पेंशन के लिए योग्यता सेवा में वेटेज की सिफारिश की गई थी।

पूर्व सैनिकों की समस्याओं पर उच्च स्तरीय समिति, 1984 (के.पी. सिंह देव समिति)

समिति ने सिफारिश की कि सरकार को विशेष रूप से उस सिद्धांत के आलोक में 'वन रैंक : वन पेंशन' के मुद्दे पर विचार करना चाहिए, जो सर्वोच्च न्यायालय एवं उच्च न्यायालयों के न्यायाधीशों की पेंशन के संबंध में पहले ही स्थापित हो चुका है।

चौथा केंद्रीय वेतन आयोग

आयोग ने कहा कि पेंशन के समानीकरण के सुझाव को स्वीकार करना मुश्किल है। इसके अलावा, इसमें विभिन्न श्रेणियों के पेंशनभोगियों को कोई समान लाभ प्रदान किए बिना काफी प्रशासनिक व लेखांकन कार्य शामिल होगा।

उच्च स्तरीय अधिकार प्राप्त समिति, 1991 (शरद पवार समिति)

समिति द्वारा 'वन रैंक : वन पेंशन' के मुद्दे पर कोई विशेष सिफारिश नहीं की गई।

पाँचवाँ केंद्रीय वेतन आयोग

आयोग ने यह कहते हुए 'वन रैंक : वन पेंशन' देने की सिफारिश नहीं की कि प्रत्येक वेतन आयोग वेतन में कुछ लाभ देता है, जो मुद्रास्फीति के प्रभाव से अधिक होता है। ऐसे लाभ पेंशनर्स को देने की आवश्यकता नहीं महसूस की गई।

रक्षामंत्री की समिति की रिपोर्ट (जून 2003)

रक्षामंत्री की समिति ने इस मुद्दे को सरकार द्वारा गठित अंतर-मंत्रालयी समिति द्वारा विचार करने के लिए छोड़ दिया।

अंतर-मंत्रालयी समिति

'वन रैंक : वन पेंशन' की माँग पर विचार करने के लिए पेंशन एवं पेंशनभोगी कल्याण विभाग द्वारा 27 फरवरी, 2003 को एक अंतर-मंत्रालयी समिति का गठन किया गया था। समिति ने 24 सितंबर, 2004 को प्रस्तुत अपनी रिपोर्ट में 'वन रैंक : वन पेंशन' प्रदान करने का पक्ष नहीं लिया, बल्कि अधिकारी रैंक से नीचे के कार्मिक के लिए 1 जनवरी, 1996 से प्रभावी संशोधित पे-स्केल के अधिकतम पर आधारित संशोधित एकरूपता की संस्तुति की।

रक्षा संबंधी संसदीय स्थायी समिति

समिति ने अपनी 20वीं और 21वीं रिपोर्ट में सशस्त्र बलों के कार्मिकों को 'वन रैंक : वन पेंशन' प्रदान करने के लिए अपनी पूर्व सिफारिशों को दोहराया।

'वन रैंक : वन पेंशन' पर कानून मंत्रालय के विचार

वर्तमान प्रणाली न्यायिक जाँच की कसौटी पर खरी उतरी है। 'वन रैंक : वन पेंशन' के लिए भी ऐसा नहीं कहा जा सकता और उसी की कानूनी व्यवहार्यता न्याय के निर्णयन के लिए खुली है। इसके अलावा, वित्तीय पहलू भी हैं, जिन्हें ध्यान में रखा जाना चाहिए।

मंत्रियों का समूह

इस माँग पर विचार करने के लिए सरकार द्वारा जनवरी 2005 में मंत्रियों के एक समूह का गठन किया गया था। मंत्रियों के समूह ने 'वन रैंक : वन पेंशन' की सिफारिश नहीं की।

छठा केंद्रीय वेतन आयोग

छठे वेतन आयोग ने भी 'वन रैंक : वन पेंशन' की सिफारिश नहीं की।

कैबिनेट सचिव समिति, 2009

समिति ने इस माँग और अन्य संबंधित मुद्दों पर विचार किया, लेकिन 'वन रैंक : वन पेंशन' की सिफारिश नहीं की। हालाँकि, इसने पूर्व और वर्तमान पेंशनभोगियों के बीच के अंतर को कम करने के उद्देश्य से सात सिफारिशें कीं।

स्थायी समिति

स्थायी समिति ने अपनी 7वीं और 9वीं (15वीं लोकसभा) रिपोर्ट में 'वन रैंक : वन पेंशन' पर फिर से अपना रुख दोहराया।

राज्यसभा याचिका समिति

राज्यसभा याचिका समिति ने अपनी 142वीं रिपोर्ट में कहा कि सरकार को रक्षा बलों के लिए 'वन रैंक : वन पेंशन' लागू करनी चाहिए।

कैबिनेट सचिव समिति (2012)

समिति ने 'वन रैंक : वन पेंशन' के कार्यान्वयन की सिफारिश नहीं की; हालाँकि, इसने पिछले सेवानिवृत्त लोगों की पेंशन बढ़ाने के लिए विभिन्न अन्य तरीकों की सिफारिश की।

सरकार द्वारा उठाए गए कदम

मोदी सरकार ने 'वन रैंक : वन पेंशन' को स्वीकार कर लिया। 16वीं लोकसभा के गठन के बाद 9 जून, 2014 को संसद् के दोनों सदनों के लिए राष्ट्रपति के अभिभाषण में इसका उल्लेख किया गया था और 'वन रैंक : वन पेंशन' के कार्यान्वयन के लिए बजट 2014-15 में 1,000 करोड़ रुपए का आवंटन प्रदान किया गया।

रक्षा बलों के लिए 'वन रैंक : वन पेंशन' को लागू करने के मोदी सरकार के फैसले के अनुसरण में इस उद्देश्य के लिए इस मंत्रालय में बैठकों की एक श्रृंखला आयोजित की गई। रक्षा पेंशन की व्यापकता व जटिलता को ध्यान में रखते हुए 'वन रैंक : वन पेंशन' के कार्यान्वयन पर सरकारी आदेश जारी करने से पहले विशेषज्ञों और पूर्व सैनिकों के साथ व्यापक विचार-विमर्श किया गया।

पूर्व सैनिकों के कल्याण के प्रति अपनी प्रतिबद्धता का प्रदर्शन करते हुए मोदी सरकार ने भारी वित्तीय बोझ के बावजूद 7 नवंबर, 2015 को आदेश जारी कर 'वन रैंक : वन पेंशन' को लागू करने का ऐतिहासिक निर्णय लिया। 30 जून, 2014 तक सेवानिवृत्त सशस्त्र बलों के कार्मिकों को इस आदेश के तहत कवर किया गया।

'वन रैंक : वन पेंशन' का तात्पर्य यह है कि एक ही रैंक में सेवानिवृत्त होनेवाले सशस्त्र बलों के कर्मियों को सेवानिवृत्ति की तारीख की परवाह किए बिना सेवा की समान लंबाई के होने पर समान पेंशन का भुगतान किया जाए। इस प्रकार, 'वन रैंक : वन पेंशन' का तात्पर्य समय-समय पर वर्तमान पेंशनभोगियों और पूर्व पेंशनभोगियों की पेंशन की दर के बीच के अंतर को पाटने से है।

'वन रैंक : वन पेंशन' की मुख्य विशेषताएँ

पूर्व पेंशनभोगियों का पेंशन कैलेंडर वर्ष 2013 के सेवानिवृत्त लोगों की पेंशन के आधार पर फिर से तय किया जाएगा और यह लाभ 1 जुलाई, 2014 से प्रभावी होगा।

वर्ष 2013 में एक ही रैंक के सेवानिवृत्त कर्मियों की न्यूनतम एवं अधिकतम पेंशन के औसत तथा समान सेवा अवधि के साथ सभी पेंशनभोगियों के लिए पेंशन फिर से तय की जाएगी। औसत से अधिक पेंशन पानेवालों की पेंशन इस आधार पर कम नहीं की जाएगी। बकाया राशि का भुगतान चार समान छमाही किस्तों में किया जाएगा। तथापि विशेष/उदारीकृत पारिवारिक पेंशन और गैलेंट्री पुरस्कार विजेताओं सहित सभी पारिवारिक पेंशनभोगियों को एक किस्त में बकाया भुगतान किया जाएगा।

पेंशन का निर्धारण हर 5 वर्ष में किया जाएगा। 'वन रैंक : वन पेंशन' के तहत पेंशन/पारिवारिक पेंशन के पुनरीक्षण की प्रक्रिया को तेज करने के लिए सरकार ने पेंशन/पारिवारिक पेंशन के संशोधन के लिए 3 फरवरी, 2016 को विस्तृत आदेश जारी किया।

1 जुलाई, 2014 से पहले के सभी पेंशनभोगियों/पारिवारिक पेंशनभोगियों की मौजूदा पेंशन को वास्तविक अर्हक सेवा के संदर्भ में प्रत्येक रैंक के लिए समय-समय पर लागू अधिकतम टर्म्स ऑफ इंगेजमेंट की शर्त के साथ बढ़ाया गया। सार्वजनिक क्षेत्र के उपक्रमों में समाहित सेवाकर्मी, जिन्होंने पेंशन के 100 प्रतिशत कम्युटेशन का विकल्प चुना था, की पेंशन भी पेंशनभोगियों की नियमित श्रेणी के लिए निर्धारित रैंक की संशोधित पेंशन के संदर्भ में संशोधित की गई।

संबंधित आयु (80 वर्ष और अधिक) प्राप्त करने पर वृद्धावस्था पेंशनभोगियों/पारिवारिक पेंशनभोगियों के लिए लागू अतिरिक्त पेंशन को भी पेंशन संवितरण एजेंसीज द्वारा 1 जुलाई, 2014 या पेंशनभोगी के 80 वर्ष या अधिक की आयु प्राप्त करने की तारीख, जो भी बाद में हो, से बढ़ाया गया।

'वन रैंक : वन पेंशन' के लागू होने पर बकाया राशि पर होनेवाले वास्तविक व्यय का वर्षवार विवरण—

30 जून, 2014 तक सेवानिवृत्त रक्षा बल पेंशनभोगी और उसके पूर्व में पारिवारिक पेंशनभोगी 'वन रैंक : वन पेंशन' से लाभान्वित हुए।

ओ.आर.ओ.पी. लागू होने के कारण 20,60,220 रक्षा बलों के पेंशनरों/पारिवारिक पेंशनरों को बकाया के रूप में 10,795 रुपए 'वन रैंक : वन पेंशन' के कारण वार्षिक व्यय लगभग 7,123 करोड़ रुपए है। करीब छह वर्षों के लिए 1 जुलाई, 2014 से शुरू होकर कुल व्यय 42,740 करोड़ रुपए से अधिक है।

□

9

सेना में स्वदेशी को बढ़ावा

“भारत पूरी मानव जाति की भलाई के सिद्धांत द्वारा निर्देशित जल, वायु और भूमि तीनों क्षेत्रों में अपनी ताकत बढ़ा रहा है। जब भारत आधुनिक हथियार विकसित कर रहा है और अपने सशस्त्र बलों के लिए नवीनतम तकनीक ला रहा है तो इसके पीछे संदेश मानवता की भलाई से प्रेरित है।”

—नरेंद्र मोदी

मोदी सरकार ने 9 अगस्त, 2020 को सैन्य सामानों में 100 से ज्यादा उत्पादों के विदेश से खरीदने पर रोक लगाई। ‘आत्मनिर्भर भारत’ के तहत स्वदेशी सामानों को बढ़ावा देने के लिए ऐसा किया गया।

स्वदेशी रक्षा उपकरणों के प्रयोग को बढ़ावा देने के लिए केंद्र की मोदी सरकार ने ‘बाय ग्लोबल’ सिद्धांत के उलट स्वदेशी रक्षा उपकरणों के प्रयोग को बढ़ावा देने का फैसला किया है। इस फैसले के तहत भारत सरकार ने थलसेना, वायुसेना एवं नौसेना—तीनों में ही अधिक-से-अधिक स्वदेशी रक्षा उपकरणों के उत्पादन और प्रयोग का फैसला लिया है।

भारत में यह प्रयास काफी समय से चल रहा है, लेकिन प्रधानमंत्री नरेंद्र मोदी के नेतृत्व में अब इस काम में तेजी दिख रही है। जानकारों का मानना है कि विदेशी रक्षा उपकरणों पर निर्भरता के कारण किसी भी देश के लिए

कूटनीतिक विकल्प सीमित हो जाता है। इसलिए, भारत ने रक्षा उपकरणों के स्वदेशीकरण को बढ़ावा देने तथा इस काम में और अधिक तेजी लाने का फैसला किया है।

केंद्र की मोदी सरकार के अनुसार, वर्ष 2020 से मार्च 2022 तक थलसेना के कुल 29 रक्षा सौदे किए गए, जिसमें से 19 भारतीय कंपनियों के साथ किए गए। इसके साथ ही, वर्ष 2022-23 में सेना करीब 26,000 करोड़ रुपए की खरीदारी करेगी, जिसमें से 19.6 हजार करोड़ के रक्षा उपकरणों की खरीदारी भारतीय कंपनियों से की जाएगी।

इसके साथ-ही-साथ वायुसेना में भी स्वदेशी एवं भारत में निर्मित रक्षा उपकरणों की खरीद और प्रयोग को अधिक बढ़ावा देने का फैसला किया गया है। इसके तहत लड़ाकू विमानों के मामले में एल.सी.एच. मार्क वन, एडवांस मीडियम कॉम्बैट एयरक्राफ्ट—एम्का, स्वदेशी यूटिलिटी हेलीकॉप्टर, 'ब्रह्मोस' मिसाइल, हवा से हवा में मार करनेवाली मिसाइल 'आकाश', रोहिणी, एस.आर.ई., पी.ए.आर. जैसे स्वदेशी रडार सिस्टम को वायुसेना में अपनाने और इसका प्रयोग बढ़ाने का सरकार ने फैसला किया है।

नौसेना हालाँकि, 95 प्रतिशत तक स्वदेशी हो चुकी है। नौसेना ने सभी 37 प्रस्तावित जंगीजहाजों और पनडुब्बियों को भारत में ही विकसित करने तथा निर्माण करने का निर्णय लिया है। इसके साथ-ही-साथ 43 युद्धपोतों और 111 यूटिलिटी हेलीकॉप्टरों का निर्माण भी भारत में ही कराया जा रहा है।

आत्मनिर्भरता के लिए केंद्र सरकार ने भारतीय कंपनियों के साथ विदेशी कंपनियों की साझेदारी से बने रक्षा उपकरणों के निर्यात को लेकर भी नियमों को लचीला बनाने का निर्णय लिया। रक्षा उत्पादों की टेस्टिंग और सर्टिफिकेशन के लिए एक स्वतंत्र निकाय होने का फैसला भी लिया गया। सेना में रक्षा उपकरणों के स्वदेशीकरण से भविष्य में संकट की स्थिति में भारत किसी पर निर्भर नहीं, बल्कि आत्मनिर्भर रहेगा।

इसी क्रम में रक्षा मंत्रालय की मंजूरी के बाद भारतीय सेनाओं को 28 हजार करोड़ से ज्यादा के हथियार मिलने जा रहे हैं। बड़ी बात यह है कि यह

रक्षा खरीद भारतीय कंपनियों से होगी और इससे 'आत्मनिर्भर भारत' अभियान को बढ़ावा मिलेगा। इनमें ड्रोन, बुलेटप्रूफ जैकेट्स और कार्बाइन की खरीद शामिल है। रक्षा अधिग्रहण परिषद् द्वारा भारतीय श्रेणी में रक्षा खरीद को मंजूरी दी गई, जिससे रक्षा के क्षेत्र में 'आत्मनिर्भर भारत' को बढ़ावा मिलेगा।

नियंत्रण रेखा पर तैनात भारतीय सैनिकों के लिए दुश्मन के स्नाइपर्स के खतरे के खिलाफ सुरक्षा जरूरत, आतंकवाद-रोधी अभियानों जैसे करीबी मुठभेड़ों में सैनिकों को बचाने के लिए 'डिफेंस एक्विजिशन काउंसिल' ने भारतीय मानक बीआईएस-6 स्तर की सुरक्षा के साथ बुलेटप्रूफ जैकेट्स के लिए 'एक्सेप्टेंस ऑफ नेसेसिटी' को मंजूरी दी।

एल.ए.सी. एवं पूर्वी सीमाओं पर पारंपरिक व हाइब्रिड युद्ध और आतंकवाद से मुकाबला करने के लिए लगभग 4 लाख क्लोज क्वार्टर बैटल कार्बाइन की खरीद के लिए भी डी.ए.सी. ने ए.ओ.एन. को मंजूरी दी। यह भारत में छोटे हथियार निर्माण उद्योग को एक प्रमुख प्रोत्साहन प्रदान करने और 'आत्मनिर्भर भारत' को आगे बढ़ाने की पहल भी है।

दुनिया भर में हाल के संघर्षों में ड्रोन तकनीक सैन्य अभियानों में बहुत उपयोगी साबित हुई है। इसी के अनुसार, आधुनिक युद्ध में भारतीय सेना की क्षमता को बढ़ाने के लिए डी.ए.सी. ने भारतीय आई.डी.डी.एम. श्रेणी के तहत स्वायत्त निगरानी और सशस्त्र ड्रोन खरीदने के लिए ए.ओ.एन. प्रदान किया।

डी.ए.सी. ने भारतीय उद्योग के माध्यम से कोलकाता श्रेणी के जहाजों पर बिजली उत्पादन के काम आनेवाली एक उन्नत 1,250 किलोवाट क्षमता की समुद्री गैस टर्बाइन जेनरेटर की खरीद के लिए भी नौसेना के प्रस्ताव को मंजूरी दे दी है। इससे गैस टर्बाइन जेनरेटर के स्वदेशी निर्माण को बढ़ावा मिलेगा।

देश के तटीय क्षेत्रों में सुरक्षा बढ़ाने के लिए भी डी.ए.सी. ने 60 प्रतिशत आई.सी. के साथ बाय (इंडियन-आई.डी.डी.एम.) के तहत भारतीय तटरक्षक बलों के लिए 14 फास्ट पेट्रोल वेसल्स की खरीद को भी मंजूरी दी।

लाइट यूटिलिटी हेलीकॉप्टरों (एल.यू.एच.) एवं लाइट कॉम्बैट हेलीकॉप्टरों (एल.सी.एच.) की खरीद के मामले को मौजूदा प्रक्रियाओं के अनुसार आगे बढ़ाया जा रहा है। रक्षा एवं एयरोस्पेस में नवाचार व प्रौद्योगिकी विकास को प्रोत्साहन देने के उद्देश्य से अप्रैल 2018 में रक्षा उत्कृष्टता (आईडेक्स) ढाँचे के लिए नवाचार शुरू किया गया। आयुध निर्माणी बोर्ड ने आर्टिलरी एवं एयर डिफेंस गन सिस्टम, छोटे हथियार सिस्टम, बख्तरबंद लड़ाकू वाहनों से संबंधित भूमि प्रणालियों के आयुध, गोला-बारूद और उपकरण वस्तुओं के विकास के लिए इन-हाउस अनुसंधान व विकास परियोजनाएँ शुरू कीं।

'प्रौद्योगिकी विकास योजना' (टी.डी.एफ.) के माध्यम से डी.आर.डी.ओ. का उद्देश्य निजी क्षेत्र के उद्योग, विशेषकर एम.एस.एम.ई. को स्टार्टअप सहित फंड देना है। सभी मौजूदा परियोजनाओं में विभिन्न निजी उद्योगों को एम.एस.एम.ई. और स्टार्टअप सहित 'प्रौद्योगिकी विकास योजना' के तहत सम्मानित किया गया। डी.आर.डी.ओ. ने रक्षा एवं एयरोस्पेस के क्षेत्र में नवीन विचारों के लिए नवोन्मेषकों, उद्यमियों, व्यक्तिगत और स्टार्टअप को लाने के लिए एक पैन-इंडिया प्रतियोगिता भी शुरू की।

रक्षा राज्यमंत्री श्रीपद नाइक ने लोकसभा में कहा, "आई.डी.ई.एक्स. और आई.सी.डी.ई.एक्स. की खुली चुनौतियों के हिस्से के रूप में भारतीय सेना की 11 परियोजनाएँ हैं, जिनमें 23 स्टार्टअप्स शामिल हैं।" भारतीय नौसेना ने 'आईडेक्स योजना' का लाभ उठाया है और वर्तमान में नौ परियोजनाओं के लिए 21 स्टार्टअप्स डिजाइन व विकास में संलग्न हैं।

रक्षा क्षेत्र में 'मेड फॉर इंडिया' की महत्त्वाकांक्षी पहल को आगे बढ़ाते हुए रक्षामंत्री राजनाथ सिंह ने नई दिल्ली में 'डिफकनेक्ट 2.0' कार्यक्रम की शुरुआत की। आयोजन नवाचार-रक्षा नवाचार संगठन की ओर से किया गया। आईडेक्स ने अब तक कई नई एवं होम-ग्रोन टेक्नोलॉजीज को विकसित होने और आगे बढ़ने में मदद की है।

'डिफकनेक्ट 2.0' इंडियन डिफेंस स्टार्टअप इकोसिस्टम के विकास की राह का एक शानदार उत्सव है, जो देश के 'इनीशिएटिव इनोवेशंस फॉर डिफेंस एक्सीलेंस' की सफलता सुनिश्चित करता है।

डिफकनेक्ट 2.0

डिफकनेक्ट 2.0, आईडेक्स-डीआईओ से जुड़े नए इनोवेटर्स को उद्योग जगत् की हस्तियों के सामने अपनी क्षमताओं, उत्पादों और अत्याधुनिक तकनीकों का प्रदर्शन करने का एक अनोखा मंच उपलब्ध कराता है। स्टार्टअप्स के लिए यह अवसर निवेश प्राप्त करने और भविष्य के परिचालनों का नेतृत्व करने को लेकर लाभ उठाने के लिए है। यह आईडेक्स स्टार्टअप्स से मिलने तथा आईडेक्स और इससे संबंधित भागीदारों की ओर से विकसित की जा रही उनकी नवीन तकनीकों को समझने का अवसर है। इसमें रक्षा उद्योग के साथ सत्र, विभिन्न घोषणाएँ और आईडेक्स-डीआईओ की समर्थित स्टार्टअप्स की प्रदर्शनियाँ शामिल होती हैं, इस कारण यह कार्यक्रम रक्षा क्षेत्र में भारत के अग्रणी उद्योगों से नए इन्वेस्टर्स को आकर्षित करेगा।

स्वदेशी रक्षा कार्यक्रम

भारत अब इस तैयारी में है कि उसे कोई भी हथियार या रक्षा संबंधी तकनीक विदेशों से न खरीदनी पड़े, यानी भारत की जरूरत के हिसाब से हथियार एवं रक्षा तकनीक देश में ही बनेगी। यहीं की रक्षा उपकरण उत्पादन कंपनियों को अवसर दिए जाएँगे।

केंद्र सरकार भारत की तीनों सेनाओं को विदेशी हथियारों से मुक्त करना चाहती है। इसलिए उसने स्वदेशी हथियारों के निर्माण पर जोर दिया है। केंद्र सरकार ने विदेशी हथियारों की खरीद-फरोख्त पर अब रोक लगाने की पूरी तैयारी कर ली है। करीब 70 प्रतिशत रक्षा उपकरणों का स्वदेशीकरण किया जा चुका है, यानी भविष्य में तीनों सेनाओं को देश में बने राइफलें, टैंक, मिसाइलें, हेलीकॉप्टर, यू.ए.वी., ड्रोंस आदि मिलेंगे।

भारत सरकार चाहती है कि वह रक्षा उपकरणों के उत्पादन में आत्मनिर्भर बने और 'मेड इन इंडिया' उत्पादों को बढ़ावा दिया जाए। इससे स्वदेशी हथियार और रक्षा उपकरण निर्माता कंपनियों को बढ़ावा मिलेगा। साथ ही, उन्हें अपने उत्पादों को एक्सपोर्ट करने की भी छूट दी जाएगी। लोकसभा में 1 अप्रैल, 2022 को एक सवाल के जवाब में बताया गया कि केंद्र सरकार ने इस काम को चार हिस्सों में बाँटा है। ये चार हिस्से हैं—1. मेक-1, 2. स्पेशल पर्पज व्हीकल, 3. आई.डी.ई.एक्स. और 4. मेक-2।

इन चार हिस्सों आनेवाले उपकरण और हथियार हैं—

1. मेक-1 में 14 रक्षा उत्पाद होंगे। ये हैं—हाइपरसोनिक ग्लाइड व्हीकल, डायरेक्टेड एनर्जी वेपन (इलेक्ट्रोमैग्नेटिक डिवाइस और लेजर डिवाइस), नेवल शिप बॉर्न अनमैंड एरियल सिस्टम, लाइट वेट टैंक, सेल्फ हीलिंग माइन फील्ड्स, अनमैंड ऑटोनोमस ए.आई. बेस्ड लैंड रोबोट, 127 मिमी. नौसैनिक गन, 127 मिमी. गाइडेड प्रोजेक्टाइल, जहाजों के लिए इलेक्ट्रिक प्रोपल्शन इंजन, स्टैंडऑफ एयरबोर्न जैमर, लीथियम-आयन सेल्स/लीथियम—सल्फर सेल्स, कम्युनिकेशन सिस्टम्स, इलेक्ट्रो-ऑप्टिल पॉड विद हाई रेजॉल्यूशन सेंसिंग और प्लग एंड प्ले हाउसिंग इन्फ्रास्ट्रक्चर।
2. स्पेशल पर्पज व्हीकल मॉडल में लंबी दूरी के अनमैंड एरियल व्हीकल जैसे हाई एल्टीट्यूड लॉन्ग एंड्यूरेंस और इंडियन मल्टी रोल हेलीकॉप्टर।
3. आई.डी.ई.एक्स. के तहत निचली कक्षा में घूमनेवाले सूडो सैटेलाइट्स।
4. मेक-2 में एंटी-जैमिंग सिस्टम्स फॉर मल्टिपल प्लेटफॉर्म्स।

मोदी सरकार द्वारा डिफेंस एक्विजिशन प्रोसीजर के तहत स्वदेशी हथियारों व उपकरणों को पहले चुना जाएगा। औद्योगिक स्तर पर डिजाइन व डेवलपमेंट के लिए 18 प्रमुख डिफेंस प्लेटफॉर्म्स को चुना गया है। सर्विसेज संबंधी 209 आइटम्स को सकारात्मक स्वदेशीकरण सूची में

शामिल किया गया है। इसके अलावा, डिफेंस पब्लिक सेक्टर अंडरटेकिंग्स के 2,851 रक्षा उपकरणों एवं 107 लाइन रिप्लेसेबल यूनिट्स को भी इस सूची से जोड़ा गया है।

स्वदेशी रक्षा उद्योग के लिए नए रास्ते

केंद्र सरकार रक्षा उपकरणों से जुड़े उद्योगों के लिए इंडस्ट्रियल लाइसेंसिंग प्रोसेस को आसान बना रही है; साथ ही, ज्यादा समय के लिए लाइसेंस देने का प्रावधान कर रही है। उसने इनोवेशंस फॉर डिफेंस एक्सीलेंस की शुरुआत की है, ताकि स्टार्टअप्स और माइक्रो, स्मॉल एवं मीडियम एंटरप्राइज को अवसर मिल सके। 'सृजन' पोर्टल की शुरुआत की गई, ताकि एम.एस.एम.ई. को इसके जरिए अपने उत्पादों का प्रदर्शन करने का मौका मिल सके।

टी-90, यानी भारतीय सेना मुख्य युद्धक टैंक 'भीष्म', का ज्यादातर हिस्सा भारत में बना है। भारत सरकार के इस कदम से विदेशी कंपनियों से डिफेंस प्रोक्योरमेंट का खर्च 46 प्रतिशत से घटकर 36 प्रतिशत हो चुका है। इससे आयात का बोझ कम हुआ है। यह काम सिर्फ पिछले 3 वर्षों में हुआ है। इसके अलावा, भारतीय कंपनियों का उत्पादन पिछले 2 वर्षों में 79,071 करोड़ रुपए से बढ़कर 84,643 करोड़ रुपए हो गया है।

□

10

भारतीय सेना का आधुनिकीकरण

"विश्व युद्ध हो या शांति, जब भी जरूरत पड़ी, तब दुनिया ने हमारे बहादुरों की जीत और शांति के लिए उनके प्रयासों को देखा है। हमने मानवता की भलाई के लिए काम किया है। आप सभी देश की इस परंपरा को स्थापित करनेवाले नेता हैं।"

—नरेंद्र मोदी

वर्तमान समय में भारतीय सेना बदलाव के दौर से गुजर रही है। सामरिक नीतियों में रक्षा क्षेत्र का महत्त्व बढ़ता जा रहा है। भारत क्षेत्रीय शक्ति से वैश्विक शक्ति बनने की राह पर अग्रसर है और इन सबके बीच भारतीय सेना का आधुनिकीकरण किया जाना अत्यंत महत्त्वपूर्ण है।

परंपरागत और अप्रचलित हथियारों को आधुनिक हथियारों से बदलने की आवश्यकता तो है ही, साथ ही यह भी आवश्यक है कि सेना को बदलते वक्त की चुनौतियों के अनुरूप बनाया जाए। इसी क्रम में रक्षा मंत्रालय अब स्वदेश निर्मित अस्त्र-शस्त्रों पर ध्यान केंद्रित कर रहा है और इस कार्य में स्वदेशी निर्माण को बढ़ावा दिया जा रहा है।

देश की सीमाओं पर संवेदनशीलता बढ़ती जा रही है। ऐसे में हमें अपनी सेना का आधुनिकीकरण करना होगा। इसके लिए सेना को नए उपकरणों एवं तकनीकों से लैस करना होगा; पुरानी तकनीकों एवं उपकरणों को नवीनतम

और आधुनिक तकनीकों तथा उपकरणों से बदलना होगा। इसके लिए सरकार उपकरणों के स्वदेशीकरण के प्रयास भी कर रही है।

हाल ही में सरकार ने सेना के 1.3 लाख जवानों को आधुनिक उपकरणों तथा अस्त्र-शस्त्रों से लैस करने का निर्णय लिया और इस क्रम में 1,85,000 असॉल्ट राइफलें, हजारों हेलमेट्स एवं बुलेटप्रूफ जैकेट्स की खरीद को मंजूरी दी गई। ज्ञात हो कि यह प्रयास मोदी सरकार द्वारा सेना के आधुनिकीकरण हेतु आवंटित 250 अरब डॉलर के एक उपक्रम के तहत किया जा रहा है। दरअसल, वर्ष 2011 के बाद असॉल्ट राइफलें खरीदने का सरकार का यह दूसरा प्रयास है।

शस्त्रों के आयात से संबंधित समस्या

अत्याधुनिक आयातित शस्त्रों से सेना का आधुनिकीकरण निश्चित ही एक स्वागत योग्य कदम है। हालाँकि, विशेषज्ञों का मानना है कि आयातित उपकरण नवीनतम तकनीक के बढ़ते मूल्यों के कारण प्राय: अधिक खर्चीले होते हैं; साथ ही, उपकरणों को प्राप्त करने में अधिक समय भी लगता है। अत: स्वदेश निर्मित उपकरणों, अस्त्र-शस्त्रों एवं स्वदेश में विकसित तकनीकों के माध्यम से सेना का आधुनिकीकरण ज्यादा महत्त्वपूर्ण है।

मेक इन इंडिया

जैसाकि हम जानते हैं, 'मेक इन इंडिया' का उद्देश्य आत्मनिर्भरता हासिल करना है। रक्षा क्षेत्र में आत्मनिर्भरता प्राप्त करना सामरिक व आर्थिक दोनों कारणों से आज के समय की एक आवश्यकता है। अतीत में सरकार ने हमारे सशस्त्र बलों की आवश्यकताओं को पूरा करने के लिए आयुध निर्माण और सार्वजनिक क्षेत्र के उपक्रमों के रूप में उत्पादन क्षमताओं का निर्माण किया। हालाँकि, विभिन्न रक्षा उपक्रमों में उत्पादन क्षमताओं को विकसित करने के लिए भारत में निजी क्षेत्र की भूमिका बढ़ाने की आवश्यकता है। देश में विभिन्न वस्तुओं के निर्माण को बढ़ावा देने के लिए 'मेक इन इंडिया' एक

महत्त्वपूर्ण पहल है। इस समय हमें अन्य वस्तुओं की अपेक्षा रक्षा उपकरणों के घरेलू उत्पादन की अधिक जरूरत है; क्योंकि इनसे न केवल बहुमूल्य विदेशी मुद्रा की बचत होगी, बल्कि राष्ट्रीय सुरक्षा चिंताओं को भी दूर किया जा सकेगा।

रक्षा क्षेत्र में सरकार ही एकमात्र उपभोक्ता है, अतः 'मेक इन इंडिया' हमारी खरीद नीति द्वारा संचालित होगा। सरकार की घरेलू रक्षा उद्योग को बढ़ावा देने की नीति रक्षा खरीद नीति में अच्छी तरह परिलक्षित होती है। आनेवाले समय में आयात दुर्लभ-से-दुर्लभतम होता जाएगा और जरूरी व्यवस्था के निर्माण व विकास के लिए सर्वप्रथम अवसर भारतीय उद्योग को प्राप्त होगा। वर्तमान में, भले ही प्रौद्योगिकी के मामले में भारतीय कंपनियों की क्षमता पर्याप्त न हो, उन्हें विदेशी कंपनियों के साथ संयुक्त उद्यम, प्रौद्योगिकी हस्तांतरण की व्यवस्था और गठबंधन के लिए प्रोत्साहित किया जाता है।

अब तक रक्षा क्षेत्र में घरेलू उद्योग के प्रवेश के लिए लाइसेंस और प्रत्यक्ष विदेशी निवेश प्रतिबंध आदि को लेकर कई बाधाएँ थीं। अब सरकार ने रक्षा विनिर्माण क्षेत्र में निवेश की प्रक्रिया को आसान बनाने के लिए कई नीतियों को उदार बनाया है। सबसे महत्त्वपूर्ण, रक्षा क्षेत्र में प्रत्यक्ष विदेशी निवेश को बढ़ावा देने के लिए एफ.डी.आई. नीति को उदार बनाया गया है। जहाँ पहले सरकारी माध्यम से 49 प्रतिशत प्रत्यक्ष विदेशी निवेश को मंजूरी थी, अब उसे बढ़ाकर 100 प्रतिशत कर दिया गया है। जहाँ कहीं भी आधुनिक और नवीनतम प्रौद्योगिकी मिलती है, वहाँ सुरक्षा संबंधी कैबिनेट समिति की मंज़ूरी के उपरांत प्रत्यक्ष विदेशी निवेश को भी मंजूरी दी गई है।

हालाँकि, आई.डी.आर. कानून के तहत औद्योगिक लाइसेंस प्राप्त करने के बाद वर्ष 2001 से निजी क्षेत्र के उद्योगों को रक्षा उत्पादन के क्षेत्र में अनुमति दी गई; लेकिन औद्योगिक लाइसेंस प्राप्त करना एक बहुत जटिल प्रक्रिया थी, जो कि उपकरणों एवं कल-पुरजों के निर्माण, खासकर लघु व मध्यम उद्योगों के लिए एक प्रमुख अड़चन थी। मोदी सरकार ने लाइसेंस नीति को उदार बनाया और अब कल-पुरजों, कच्चे माल, परीक्षण उपकरण,

उत्पादन मशीनरी, कॉस्टिंग तथा फोर्जिंग आदि को लाइसेंस के दायरे से बाहर रखा गया है। जो कंपनियाँ इस तरह की वस्तुओं का उत्पादन करना चाहती हैं, उन्हें अब लाइसेंस की जरूरत नहीं होगी। विभिन्न श्रेणियों के उद्योगों के पालन के लिए एक व्यापक सुरक्षा मैन्युअल तैयार किया गया है, ताकि कंपनियों की इस तक आसान पहुँच हो और तदनुसार इसका पालन किया जा सके। औद्योगिक लाइसेंस की प्रारंभिक वैधता 2 वर्ष से बढ़ाकर 3 वर्ष कर दी गई है।

मेक इन इंडिया 'ब्रह्मोस'

भारतीय सेना को 'ब्रह्मोस' के तौर पर एक ऐसा सहयोगी मिला है, जिसने इसकी मारक क्षमता कई गुना बढ़ा दी है। व्यावहारिक रूप से देखा जाए तो 'मेक इन इंडिया' कार्यक्रम के तहत भारत में शुरू की गई सबसे पहली परियोजना 'ब्रह्मोस' ही है। वस्तुत: 'ब्रह्मोस' एक सुपरसॉनिक क्रूज मिसाइल है। क्रूज मिसाइल उसे कहते हैं, जो कम ऊँचाई पर तेजी से उड़ान भरती है और इस तरह से रडार की आँखों से बच जाती है। 'ब्रह्मोस' की विशेषता यह है कि इसे जमीन से, हवा से, पनडुब्बी से, युद्धपोत से—यानी कि लगभग कहीं से भी दागा जा सकता है। यही नहीं, इस मिसाइल को पारंपरिक लॉन्चर के अलावा ऊर्ध्वगामी, यानी कि वर्टिकल लॉन्चर से भी दागा जा सकता है। 'ब्रह्मोस' के मेनुवरेबल संस्करण के सफल परीक्षण के बाद इस मिसाइल की मारक क्षमता में और भी बढ़ोतरी हुई है।

'ब्रह्मोस' का विकास ब्रह्मोस कॉरपोरेशन द्वारा किया गया है। यह कंपनी भारत के डी.आर.डी.ओ. और रूस के एन.पी.ओ. मशीनोस्त्रोएनिशिया का संयुक्त उपक्रम है। 'ब्रह्मोस' नाम भारत की 'ब्रह्मपुत्र' और रूस की 'मस्कवा' नदी पर रखा गया है। रूस इस परियोजना में मिसाइल तकनीक उपलब्ध करवा रहा है और उड़ान के दौरान मार्गदर्शन करने की क्षमता भारत के द्वारा विकसित की गई है। इस समय मिसाइल तकनीक में दुनिया की कोई भी मिसाइल तेज गति से आक्रमण करने के मामले में 'ब्रह्मोस' की बराबरी नहीं कर सकती। इसकी खूबियाँ इसे दुनिया की सबसे तेज मारक मिसाइल बनाती

हैं। यहाँ तक कि अमेरिका की 'टॉम हॉक' मिसाइल भी इसके आगे फिसड्डी साबित होती है।

मेनुवरेबल तकनीक, यानी कि दागे जाने के बाद अपने लक्ष्य तक पहुँचने से पहले मार्ग को बदलने की क्षमता से युक्त मिसाइल। उदाहरण के लिए, टैंक से छोड़े जानेवाले गोलों तथा अन्य मिसाइलों का लक्ष्य पहले से निश्चित होता है और वे वहीं जाकर गिरते हैं या फिर लेजर गाइडेड बम या मिसाइल होते हैं, जो लेजर किरणों के आधार पर लक्ष्य को साधते हैं। परंतु यदि कोई लक्ष्य इतना दूर और लगातार गतिशील हो कि उसे निशाना बनाना कठिन हो, तो यहीं यह तकनीक काम आती है। दागे जाने के बाद लक्ष्य तक पहुँचते-पहुँचते यदि उसका लक्ष्य मार्ग बदल ले तो यह मिसाइल भी अपना मार्ग बदल लेती है और उसे निशाना बना लेती है।

गौरतलब है कि 'ब्रह्मोस' को कोई भी एंटी-मिसाइल सिस्टम भेद नहीं सकता है, क्योंकि नीची उड़ान को भी यह सुपरसॉनिक रफ्तार से तय करता है। हमला करने से ठीक पहले यह अंग्रेजी के 'एस' अक्षर (S) की तरह तेजी से मुड़कर निशाने से टकराता है।

'ब्रह्मोस' की विशेषताएँ

- यह मिसाइल हवा में ही अपना मार्ग बदल सकती है और चलते-फिरते लक्ष्य को भी भेद सकती है।
- इसको ऊर्ध्वाधर या क्षैतिज, कैसे भी लॉञ्चर से दागा जा सकता है।
- यह मिसाइल तकनीक थलसेना, नौसेना और वायुसेना—तीनों में काम आ सकती है।
- यह 10 मीटर की ऊँचाई पर उड़ान भर सकती है और रडार की पकड़ में भी नहीं आती है।
- रडार ही नहीं, यह किसी भी अन्य मिसाइल पहचान प्रणाली को धोखा देने में सक्षम है। इसको मार गिराना लगभग असंभव है।
- 'ब्रह्मोस' मिसाइल अमेरिका की 'टॉम हॉक' से लगभग दुगुनी तेजी

से वार कर सकती है। इसकी मारक क्षमता भी 'टॉम हॉक' से अधिक है।

- आम मिसाइलों के विपरीत, यह मिसाइल हवा को खींचकर रेमजेट तकनीक से ऊर्जा प्राप्त करती है।
- यह मिसाइल 1,200 यूनिट ऊर्जा पैदा कर अपने लक्ष्य को तहस-नहस कर सकती है।

खरीदार की जगह निर्माता

इस समय भारत प्रतिकूल परिस्थितियों से गुजर रहा है। हमारे पास अपनी आवश्यकताओं के अनुरूप ही अत्याधुनिक हथियार भी होने चाहिए। भारत इस समय दुनिया का सबसे ज्यादा हथियार आयात करनेवाला देश है। रक्षा मामलों में सर्वदा ही आयात पर निर्भर नहीं रहा जा सकता। अतः दुनिया के सबसे बड़े रक्षा खरीदार बन चुके भारत को रक्षा उत्पादन में आत्मनिर्भर होने की कोशिश करनी चाहिए, यानी हमें खरीदार की जगह निर्माता बनना होगा। प्रधानमंत्री नरेंद्र मोदी के 'मेक इन इंडिया' का एक लक्ष्य रक्षा उत्पादन के लिए देशी-विदेशी निजी निर्माताओं को प्रोत्साहित करना भी है। इसके लिए रक्षा क्षेत्र में विदेशी निवेश की अनुमति पहले ही मिल चुकी है। जो रक्षा सौदे हो रहे हैं, उनमें भी एक शर्त यही है कि एक निश्चित राशि भारत में निवेश की जाए। जो रक्षा सौदे हो रहे हैं, उनसे तकनीक लेने की भी शर्तें रखी जा रही हैं, ताकि भारत उनके कल-पुरजे स्वयं उत्पादित कर सके और संबंधित कंपनियों पर निर्भरता घटे।

एक बार अगर नीति बन गई और प्रयास आरंभ हो गया तो उसे फलीभूत होना ही है। वस्तुतः, यह आत्मविश्वास का भी प्रश्न है। आखिर, जो देश स्वदेशी रॉकेट बनाकर दुनिया की प्रथम पंक्ति में खड़ा हो सकता है, जो मिसाइल तकनीक में बड़े देशों का मुकाबला कर सकता है, वह रक्षा सामान क्यों नहीं बना सकता? हमने बहुत पहले परमाणु परीक्षण करके दुनिया को चौंका दिया था। फिर हमने दूसरा परीक्षण भी कर दिया। इसका अर्थ है कि

प्रतिभा हमारे पास है। हमारे वैज्ञानिकों और तकनीशियनों में क्षमता है। ऐसे में बात रह जाती है सिर्फ पूँजी की।

स्वदेशी रक्षा उत्पादन पर विचार करते समय यह भी ध्यान रखना आवश्यक है कि दुनिया में जो भी रक्षा सामग्रियों के निर्माता देश हैं, वहाँ मुख्य निर्माता निजी कंपनियाँ ही हैं। चाहे अमेरिका हो या फिर फ्रांस, जर्मनी, स्वीडन, ब्रिटेन, इटली, यहाँ तक कि रूस में भी उत्पादन अब निजी कंपनियों के हाथों में ही है। अत: भारत में भी केवल सरकारी कंपनियाँ ही रक्षा उत्पादन करें, यह व्यावहारिक नहीं होगा। निजी कंपनियों को इसके लिए आगे लाना ही होगा। सरकार यह प्रयास कर रही है। भारत की निजी कंपनियों से विदेशों की रक्षा उत्पादन कंपनियों के साथ अनुबंध कराने की कोशिशें हो रही हैं।

एक तरफ जहाँ सरकार निर्यात, लाइसेंसिंग, एफ.डी.आई. सहित निवेश व खरीद के लिए नीति में जरूरी बदलाव कर रही है, वहीं उद्योग को भी जरूरी निवेश और प्रौद्योगिकी के मामले में उन्नयन करने की चुनौती को स्वीकार करने के लिए सामने आना चाहिए। रक्षा एक ऐसा क्षेत्र है, जो नवाचार से संचालित होता है और जिसमें भारी निवेश एवं प्रौद्योगिकी की आवश्यकता होती है। लिहाजा, उद्योग को भी अस्थायी लाभ के बजाय लंबी अवधि के लिए सोचने की मानसिकता बनानी होगी। हमें अनुसंधान विकास तथा नवीनतम विनिर्माण क्षमताओं पर ज्यादा ध्यान देना होगा। सरकार को घरेलू उद्योग हेतु एक ऐसी पारिस्थितिकी प्रणाली विकसित करने के लिए प्रतिबद्ध रहना होगा, जिससे वह सार्वजनिक और निजी—दोनों क्षेत्रों में बराबर उन्नति कर सके।

स्वदेशी रक्षा खरीद और निर्माण को प्रोत्साहित करने के उद्देश्य से भारतीय सेना के लिए स्वदेशी डिजाइन व विकास पर जोर देते हुए घरेलू स्रोतों के माध्यम से रफ टेरेन फोर्क लिफ्ट ट्रक्स (आर.टी.एफ.एल.टी.), ब्रिज बिछानेवाले टैंक (बी.एल.टी.), पहिएदार बख्तरबंद लड़ाकू वाहन (डब्ल्यू. एच. ए.एफ.वी.) के साथ एंटी-टैंक गाइडेड मिसाइलें (ए.टी.जी.एम.) और वेपन डिटेक्टिंग रडार (डब्ल्यू.डी.आर.) की खरीद के लिए प्रस्ताव आमंत्रित करने की मंजूरी दी गई है।

इसी तरह, डी.ए.सी. ने भारतीय नौसेना के लिए लगभग 36,000 करोड़ रुपए की अनुमानित लागत पर अगली पीढ़ी के कार्वेट (एन.जी.सी.) की खरीद के लिए प्रस्ताव आमंत्रित करने की स्वीकृति प्रदान की। ये एन.जी.सी. विभिन्न प्रकार की भूमिकाओं, जैसे—निगरानी मिशन, अनुरक्षण संचालन, शक्ति-संतुलन, सर्फेस एक्शन ग्रुप (एस.ए.जी.) ऑपरेशंस, खोज एवं हमले और तटीय रक्षा के लिए बहुमुखी मंच होंगे। इन एन.जी.सी. का निर्माण पोत निर्माण की नवीनतम तकनीक का उपयोग करके भारतीय नौसेना के नए इन-हाउस डिजाइन के आधार पर किया जाएगा। साथ ही, यह समुद्री क्षेत्र में सभी के लिए सुरक्षा और विकास की सरकार की पहल को आगे बढ़ाने में योगदान देगा।

वहीं डी.ए.सी. ने हिंदुस्तान एयरोनॉटिक्स लिमिटेड द्वारा डोर्नियर एयरक्राफ्ट्स और एसयू-30 एम.के.आई. एयरो इंजनों के निर्माण की भी स्वीकृति दी, जिसमें विशेष रूप से एयरो इंजन सामग्री के स्वदेशीकरण को प्रोत्साहन देने पर ध्यान केंद्रित किया जाएगा; जबकि रक्षा क्षेत्र में डिजिटल परिवर्तन के लिए सरकार के दृष्टिकोण के अनुरूप (भारतीय) खरीदें, श्रेणी के अंतर्गत डिजिटल तटरक्षक परियोजना को मंजूरी दी। इस परियोजना के तहत तटरक्षक बल में विमानन परिचालन, रसद, वित्त और मानव संसाधन प्रक्रियाओं के डिजिटलीकरण के लिए एक अखिल भारतीय सुरक्षित नेटवर्क स्थापित किया जाएगा।

□

11

गेम चेंजर राफेल जेट फाइटर

"मैं एक भी माँ के बारे में नहीं जानता, जिसके दिल में यह भावना है कि उसने एक बेटे को जन्म दिया है, लेकिन वह अपना जीवन केवल मातृभूमि भारत की सेवा के लिए समर्पित करता है, न कि अपनी माँ की। यह असाधारण प्रेरणा केवल एक माँ ही दे सकती है और इससे आपका जीवन न केवल हमारी राष्ट्रीय सीमाओं की रक्षा करता है, बल्कि सवा सौ करोड़ लोगों को सुरक्षा का आश्वासन भी देता है।"

—नरेंद्र मोदी

मोदी सरकार ने भू-राजनीतिक चुनौतियों के बीच अपनी उम्रदराज सेना का आधुनिकीकरण करना जारी रखा है। इसी क्रम में वर्ष 2015 में प्रधानमंत्री नरेंद्र मोदी ने भारत की जंग खा रही वायुसेना के नवीनीकरण के लिए 36 राफेल लड़ाकू विमान खरीदने के लिए फ्रांसीसी विमानन कंपनी डसॉल्ट के साथ ऐतिहासिक रक्षा सौदे की घोषणा की।

रक्षा विशेषज्ञों के अनुसार, विभिन्न भूमिकाओं को निभाने में बेजोड़ क्षमता वाले विश्व स्तर पर सबसे शक्तिशाली रणनीतिक प्लेटफॉर्मों में से एक के रूप में जाने जानेवाले राफेल लड़ाकू विमान भारत की हवाई युद्ध क्षमताओं को महत्त्वपूर्ण रूप से बढ़ाएँगे, जब यह पाकिस्तान व चीन जैसे शत्रुतापूर्ण पड़ोसियों का सामना करेंगे।

सभी 36 लड़ाकू विमान भारतीय वायुसेना में शामिल होने के बाद राफेल भारत के लिए एक गेम चेंजर हो सकता है, क्योंकि पड़ोस में किसी भी देश के कब्जे में कोई भी विमान उनके बेहतर गतिज प्रदर्शन एवं शक्तिशाली इलेक्ट्रॉनिक युद्ध प्रणालियों से मेल नहीं खा पाता।

राफेल लड़ाकू विमान ने पिछले कुछ वर्षों में अफगानिस्तान, लीबिया, माली, इराक और सीरिया में हवाई युद्ध अभियानों में अपनी बेजोड़ क्षमताओं को साबित किया है। भारत—फ्रांस, मिस्र और कतर के बाद रणनीतिक मंच वाला चौथा देश है।

विशेषज्ञों के अनुसार, राफेल लड़ाकू विमान अधिक फुरतीला है, क्योंकि इसमें लंबी अवधि के लिए कई प्रकार के हथियारों को ले जाने के दौरान अधिक गति से उड़ान भरने की क्षमता है। यह वैश्विक बाजार में उपलब्ध बेहतरीन लड़ाकू विमानों में से एक है। यह चीन के पास उपलब्ध मौजूदा लड़ाकू विमानों की तुलना में बहुत अधिक उन्नत और घातक है। यह निश्चित रूप से भारत की रक्षा तैयारियों को बढ़ावा देता है।

भारतीय वायुसेना राफेल लड़ाकू विमान के साथ एकीकृत करने के लिए एक नई पीढ़ी के मध्यम श्रेणी के मॉड्यूलर एयर-टू-ग्राउंड हथियार प्रणाली 'हैमर' की खरीद की प्रक्रिया में है। 'हैमर' एक सटीक निर्देशित मिसाइल है, जिसे फ्रांसीसी रक्षा प्रमुख सफ्रान द्वारा विकसित किया गया है। मिसाइल को मूल रूप से फ्रांसीसी वायुसेना और नौसेना के लिए डिजाइन व निर्मित किया गया था।

राफेल लड़ाकू विमान कई शक्तिशाली हथियारों को ले जाने में सक्षम हैं, जिनमें हवा से हवा में मार करनेवाली मिसाइल 'स्कैल्प क्रूज' मिसाइल और माइका हथियार प्रणाली शामिल हैं।

भारतीय वायुसेना ने हाल ही में अपने बेड़े के आधुनिकीकरण के उद्देश्य से फ्रांसीसी कंपनी द्वारा निर्मित डसॉल्ट राफेल लड़ाकू विमान को शामिल किया। भारतीय वायुसेना के शस्त्रागार को और मजबूत करने के लिए 'सुखोई', 'मिराज' और भारत निर्मित 'तेजस' भी शामिल हो गया है।

राफेल लड़ाकू विमान का पहला स्क्वाड्रन उत्तर भारत में अपनी रणनीतिक स्थिति और पाकिस्तान से निकटता के कारण अंबाला एयरबेस पर तैनात है; जबकि दूसरा चीन से निकटता के कारण पश्चिम बंगाल में हासीमारा बेस पर आधारित है।

भारत द्वारा 59,000 करोड़ रुपए की लागत से 36 विमानों की खरीद के लिए फ्रांस के साथ एक अंतर-सरकारी समझौते पर हस्ताक्षर करने के लगभग 4 वर्ष बाद 29 जुलाई, 2020 को पाँच राफेल लड़ाकू विमानों का पहला जत्था भारत आया। राफेल 4.5 पीढ़ी का लड़ाकू विमान है, जो इसे दुनिया में सबसे घातक बनाता है। इसे भारतीय वायुसेना द्वारा लंबी जाँच के बाद खरीदा गया है।

राफेल ट्विन इंजन ऑम्निरोल फाइटर जेट एयर सुपरमेसी, इंटरडिक्शन, एरियल टोही, ग्राउंड सपोर्ट, इन-डेप्थ स्ट्राइक, एंटी-शिप और न्यूक्लियर डिटरेंस फाइटर एयरक्राफ्ट के लिए जाना जाता है, जो हथियारों की एक विस्तृत शृंखला से लैस है।

राफेल की लड़ने की क्षमता ऐसी है कि 18 विमानों का एक स्क्वाड्रन टर्न-अराउंड और रख-रखाव के मामले में एसयू-30 एम.के.आई. के 2.5 स्क्वाड्रन (45 लड़ाकू विमानों) के बराबर है।

ये विमान अधिक शक्तिशाली रेडियो अल्टीमीटर, रडार चेतावनी रिसीवर, कम बैंड जैमर, उड़ान डाटा रिकॉर्डर, उच्च ऊँचाईवाले इंजन स्टार्टअप, सिंथेटिक एपर्चर रडार, ग्राउंड मूविंग टारगेट इंडिकेटर, इन्फ्रा-रेड सर्च एंड ट्रैक, हेलमेट-माउंटेड डिस्प्ले, मिसाइल अप्रोच वार्निंग सिस्टम और हाई-फ्रीक्वेंसी रेंज डिकॉय एवं ट्रैकिंग से लैस हैं।

फ्रांस, भारत के सबसे करीबी रणनीतिक सहयोगियों में से एक, पहले ही भारतीय वायुसेना को राफेल के लिए उन्नत मिसाइलें व गोला-बारूद भेज चुका है; जबकि 'उल्का' मिसाइल भारतीय उपमहाद्वीप में अपनी श्रेणी में सर्वश्रेष्ठ है।

जहाँ भारतीय नौसेना अपने स्वदेशी विमानवाहक पोत 'आई.एन.एस.

विक्रांत' के लिए राफेल-समुद्री लड़ाकू विमान के विकल्प की भी जाँच कर रही है, वहीं वायुसेना को राफेल की बढ़ी हुई क्षमता के कारण अपने लड़ाकू स्क्वाड्रन की ताकत को युक्तिसंगत बनाने के लिए कहा गया है। यह समझा जाता है कि राफेल का एक स्क्वाड्रन टर्नअराउंड और रख-रखाव के मामले में रूसी एस.यू.-30 एम.के.आई. के 2.5 स्क्वाड्रन के बराबर है।

□

12

थिएटर कमांड का गठन

"सैनिक को विश्वास होना चाहिए कि अगर वह देश के लिए अपना जीवन बलिदान कर देता है तो देश उसके परिवार का खयाल रखेगा और उसके परिवार की भलाई के लिए कोई कसर नहीं छोड़ेगा। यह देश और सरकार की जिम्मेदारी है कि इसमें निहित आस्था को न डगमगाएँ। सीमा पर तैनात जवान के मन में कोई सवालिया निशान नहीं होना चाहिए।"

—नरेंद्र मोदी

चीन से सीमा पर जारी तनाव, पाकिस्तान का बेशर्म रवैया और पहले की तुलना में युद्ध के बदले तरीके को देखते हुए तीनों सेनाओं की एकजुटता आज के समय में बेहद जरूरी है। थलसेना, वायुसेना और नौसेना के बीच समन्वय बढ़ाने के लिए एकीकृत संयुक्त सैन्य कमान के गठन की तैयारी चल रही है।

सैन्य बोलचाल में सैन्य सेवाओं (थलसेना, वायुसेना और नौसेना) की संयुक्त कमान को एक 'थिएटर कमांड' कहा जाता है। सीमा पर बढ़ती चुनौती और युद्ध के मौके पर तीनों सेनाओं के बीच तालमेल बेहद जरूरी है। इस योजना के तहत कम-से-कम चार थिएटर कमांड स्थापित किया जाएगा।

थिएटर कमांड अपने सबसे बुनियादी रूप में एक एकीकृत कमांड है, जिसके तहत सभी सेनाओं यानी थलसेना, नौसेना और वायुसेना के संसाधनों का आकलन खतरे के आधार पर किया जाता है। योजना के अनुसार, हर थिएटर कमांड में थलसेना, नौसेना और वायुसेना की इकाइयाँ होंगी; लेकिन सुरक्षा चुनौतियों से निपटने में तीनों मिलकर एकीकृत सेना की तरह लड़ेंगी। थिएटर कमांड का नेतृत्व केवल ऑपरेशनल कमांडर के पास होता है। थिएटर कमांड का गठन देश की भौगोलिक व रणनीतिक क्षेत्र को देखते हुए किया जाता है। फिलहाल थलसेना, वायुसेना और नौसना के अपने अलग-अलग कमांड हैं। एकीकृत थिएटर कमांडर व्यक्तिगत सेवाओं के प्रति जवाबदेह नहीं होता। अमेरिका और चीन सहित दुनिया भर के अन्य देशों में थिएटर कमांड मौजूद हैं। तीनों बलों के एकीकरण और समन्वय से संसाधनों के दोहराव को रोका जा सकता है।

वर्ष 2015 में शेकटकर समिति ने तीन एकीकृत थिएटर कमांड के गठन का सुझाव दिया था—एक उत्तर में चीन सीमा के लिए, एक पश्चिम में पाकिस्तान सीमा के लिए और एक दक्षिण में समुद्री भूमिका के लिए।

अभी थलसेना की 7 कमांड हैं, एयरफोर्स की भी 7 कमांड और नेवी की 3 कमांड हैं। कुल मिलाकर, अभी 17 कमांड और 17 कमांडर हैं। थिएटर कमांड बनने के बाद कुल 4 कमांडर होंगे। अत: अभी के कमांडर्स का क्या रोल होगा? सूत्रों के मुताबिक, कमांडर का जो मौजूदा रैंक है, वे थिएटर कमांड में डिप्टी कमांडर बनेंगे और स्टाफ ऑफिसर हो जाएँगे। थिएटर कमांड बनने के बाद थिएटर कमांडर शुरू में ऑपरेशनल जिम्मेदारी सँभालेंगे और बाकी चीजें मौजूदा कमांडर देखेंगे। फिर, धीरे-धीरे एक-एक जिम्मेदारी थिएटर कमांडर के पास जाएगी।

इसके अलावा, एक स्ट्रेटेजिक फोर्सेज कमांड है, जो परमाणु शस्त्रागार को सुरक्षा देता है और उसे सँभालता है। इसकी स्थापना वर्ष 2003 में की गई थी। इनके अलावा, देश में सिर्फ एक थिएटर कमांड है। इसकी स्थापना वर्ष 2001 में अंडमान व निकोबार में की गई थी।

सेना को 7 कमांडों में विभाजित किया गया है—उत्तरी, पूर्वी, दक्षिणी, पश्चिमी, मध्य और दक्षिण-पश्चिमी, साथ-ही-साथ सैन्य प्रशिक्षण कमांड।

वायुसेना में 7 कमांड हैं—पश्चिमी, पूर्वी, दक्षिणी, दक्षिण-पश्चिम, मध्य, प्रशिक्षण और रख-रखाव।

नौसेना में 3 कमांड हैं—पश्चिमी, पूर्वी और दक्षिणी, जिनमें से दक्षिणी मुख्य रूप से प्रशिक्षण के बारे में है।

मोदी सरकार ने इसे गति देते हुए जनवरी 2020 में जनरल बिपिन रावत को अपने 3 साल के कार्यकाल के दौरान इस तरह की कमांड बनाने के मिशन के साथ चीफ ऑफ डिफेंस स्टाफ नियुक्त किया था, ताकि तीनों सेनाओं के बीच तालमेल को बढ़ावा दिया जा सके। इसका उद्देश्य भविष्य की सुरक्षा चुनौतियों के लिहाज से सैन्य कमांड में सुधार करना भी था। यही वजह है कि थिएटरीकरण योजना को सी.डी.एस. जनरल बिपिन रावत की देखरेख में तैयार किया गया, ताकि सेना की युद्धक क्षमता में बढ़ोतरी की जा सके।

अपनी नियुक्ति के बाद जनरल रावत ने इन कमानों के लिए अवधारणाओं को विकसित करने के लिए प्रत्येक सशस्त्र बल के अंदर अध्ययन शुरू किया। सशस्त्र बलों के उप-प्रमुख इनके प्रभारी थे।

थिएटर कमांड के लाभ

आर्थिक लाभ : विशेषज्ञों ने आर्थिक व रणनीतिक—दोनों दृष्टिकोण से मॉडल के लाभों पर जोर दिया है। आर्थिक दृष्टिकोण से यह दृष्टिकोण एक कमांड के तहत संचालन करते हुए इष्टतम संसाधन आवंटन और उपयोग के माध्यम से दोहराव को कम करके पैसे बचाएगा।

थोक में उपकरण : इसके अलावा, एक ही समय में तीनों सेवाओं के लिए सैन्य प्रणालियों एवं उपकरणों को थोक में खरीदने का अवसर, लागत, बचत और भारत के बढ़ते रक्षा क्षेत्र के लिए सर्वथा उपयुक्त होगा। एक कमांड के तहत सैनिकों की रणनीतिक तैनाती के कारण सेना की तैनाती में कमी से वेतन, भत्ते और पेंशन के लिए आवंटित सैन्य बजट की

राशि भी कम हो जाएगी, जिसके परिणामस्वरूप कई अतिरिक्त खर्चों में कमी आएगी।

युद्ध क्षमता में वृद्धि : सामरिक दृष्टिकोण से बल तालमेल और क्षमता तालमेल बेहतर ढंग से समकालीन और संकर युद्ध के लिए बलों को तैयार करेगा, जिसके परिणामस्वरूप सामरिक क्षमता में वृद्धि होगी।

बलों के बीच संचार में वृद्धि : इसके अलावा, ये रणनीतिक कमांड समकालीन और संकर युद्ध के साथ-साथ साइबर एवं अंतरिक्ष डोमेन को संबोधित करेंगे। संयुक्त प्रशिक्षण और विभिन्न बलों के बीच बेहतर कमांड एवं संचार उत्पन्न होगा।

संपत्ति और उनका सामूहिक व एकजुट नियोजन : वायु रक्षा कमांड रणनीतिक व आर्थिक विचारों के संयोजन का एक बेहतरीन उदाहरण है। पहले से अलग-अलग आवृत्तियों पर अपनी वायु रक्षा संपत्तियों की योजना बनाने; प्रशिक्षित, सुसज्जित और उपयोग करनेवाली सेनाएँ अब इन संपत्तियों का समन्वय कर सकती हैं और उन्हें अपने मिशन के लिए सामूहिक तथा एकजुट रूप से नियोजित कर सकती हैं।

चिकित्सा संसाधनों का अधिक-से-अधिक उपयोग : इसके अलावा, तीन बलों में चिकित्सा सेवाओं को एकीकृत करने से एकीकृत कमांड की चिकित्सा शाखा मजबूत होगी और चिकित्सा संसाधनों के अधिक उपयोग की क्षमता बढ़ेगी।

इसी क्रम में चीफ ऑफ डिफेंस स्टाफ (सी.डी.एस.) का नामांकन और सैन्य मामलों के विभाग (डी.एम.ए.) की स्थापना सेना के एकीकरण एवं प्रगति की दिशा में महत्त्वपूर्ण मील के पत्थर बने।

सी.डी.एस. : जैसाकि वर्ष 1999 में कारगिल समीक्षा समिति द्वारा प्रस्तावित किया गया था, यह सरकार का एकल-बिंदु सैन्य सलाहकार है।

सैन्य मामलों का विभाग (डी.एम.ए.) : सैन्य मामलों से संबंधित सभी कार्यों के लिए डी.एम.ए. जिम्मेदार होगा। पहले रक्षा विभाग इन जिम्मेदारियों (डी.ओ.डी.) के लिए जिम्मेदार था।

दरअसल, थिएटर कमांड्स का सबसे सही इस्तेमाल युद्ध के दौरान तब होता है, जब भविष्य की सुरक्षा चुनौतियों से निपटने के लिए तीनों सेना प्रमुखों के बीच तालमेल होता है। थिएटर कमांड्स से बनी रणनीतियों के अनुसार दुश्मन पर अचूक वार करना आसान हो जाता है। इससे तीनों सेनाओं के संसाधनों और हथियारों का इस्तेमाल एक साथ किया जा सकता है।

थिएटर कमांड बनती है और आनेवाले समय में कोई युद्ध होता है तो उसमें इसका लाभ मिल सकता है। अभी तक होता यह रहा है कि युद्ध की स्थिति में तीनों सेनाएँ अपने-अपने हिसाब से तैयारियाँ करती हैं और जरूरत पड़ने पर ही समन्वय करती हैं; लेकिन थिएटर कमांड होगी तो तीनों सेनाएँ मिलकर तैयारी कर सकती हैं और रणनीति बना सकती हैं। इतना ही नहीं, थिएटर कमांड होने से तकनीक और हथियार भी आसानी से साझा किए जा सकते हैं।

जनरल बिपिन रावत 4 थिएटर कमांड पर काम कर रहे थे। वे चीन और पाकिस्तान की हरकतों पर नजर रखने के लिए थिएटर कमांड बनाना चाहते थे। एक इंटरव्यू में जनरल बिपिन रावत ने कहा था कि भारत वर्ष 2022 तक थिएटर कमांड बना लेगा। उन्होंने कहा था, "हमारी समुद्री सीमाएँ बहुत बड़ी हैं। जम्मू व कश्मीर और एल.ए.सी. की सीमाएँ अनसुलझी हैं। इसलिए हमने लैंड बेस्ड कमांड तैयार किया है। पूर्वी और पश्चिमी थिएटर पर ध्यान दिया जाएगा।"

लेकिन जनरल बिपिन रावत की हेलीकॉप्टर दुर्घटना में असमय मृत्यु के कारण थिएटर कमांड स्थापना के काम में थोड़ा विलंब होना संभव है।

इस वक्त दुनिया के कई देशों में थिएटर कमांड्स हैं। अमेरिका में अभी 11 थिएटर कमांड्स हैं। इनमें से 6 पूरी दुनिया को कवर करते हैं। वहीं चीन के पास भी 5 थिएटर कमांड्स हैं। चीन भारत को अपने पश्चिमी थिएटर कमांड के जरिए हैंडल करता है। इसी कमांड से वह भारत-चीन सीमा पर निगरानी रखवाता है। रूस के पास भी 4 थिएटर कमांड्स हैं।

सी.डी.एस. जनरल बिपिन रावत का अधूरा सपना

इंटीग्रेटेड थिएटर कमांड दिवंगत चीफ ऑफ डिफेंस स्टाफ (सी.डी.एस.) जनरल बिपिन रावत का अधूरा प्रोजेक्ट है। इसके लिए उन्होंने तीनों सेनाओं के प्रमुखों और अन्य अधिकारियों के साथ कई बैठकें भी की थीं; लेकिन 8 दिसंबर, 2021 को एक विमान हादसे में उनकी मौत हो गई थी।

मौजूदा प्लान के मुताबिक, डी.एम.ए. की योजना एयर डिफेंस कमांड के साथ 4 थिएटर कमांड्स स्थापित करने की है। ये थिएटर कमांड्स देश की तीनों सैन्य सेवाओं के अलग-अलग जगह पर पहले से मौजूद 17 कमांड्स के अतिरिक्त होंगे। थलसेना के पास 3 थिएटर कमांड्स, जबकि नौसेना के पास 1 कमांड की जिम्मेदारी होगी। वहीं भारतीय वायुसेना को एयर डिफेंस कमांड की जिम्मेदारी दी जाएगी।

योजना के मुताबिक, थलसेना के अधिकारी ईस्टर्न और वेस्टर्न थिएटर कमांड की जिम्मेदारी सँभालेंगे। वहीं मैरिटाइम थिएटर कमांड का नेतृत्व नौसेना और एयर डिफेंस कमांड का नेतृत्व भारतीय वायुसेना के अधिकारी करेंगे।

□

13

जवानों के बीच दीवाली

"मैंने हर दीवाली हमारी सीमाओं की रक्षा करनेवाले सैनिकों के साथ बिताई है। आज मैं अपने साथ यहाँ अपने सैनिकों के लिए करोड़ों भारतीयों का आशीर्वाद लेकर आया हूँ। लोग अकसर सवाल करते थे कि मैंने जवानों के साथ दीवाली क्यों मनाई? दीवाली के मौके पर मैं अपनों से कैसे दूर रह सकता हूँ!"

—नरेंद्र मोदी

लेह की ओर प्रधानमंत्री के रुख करने की बात करें तो यह कोई नई बात नहीं है। बतौर प्रधानमंत्री नरेंद्र मोदी कई बार बॉर्डर की ओर रुख कर चुके हैं। सीमा से उनका प्रेम नया नहीं है।

प्रधानमंत्री नरेंद्र मोदी जब लेह पहुँचे तो यह खबर भारतीय मीडिया समेत वैश्विक खबरों में सुर्खियाँ बन गई, क्योंकि उस वक्त देश सीमा पर चीन से जूझ रहा था। प्रधानमंत्री मोदी का वहाँ पहुँचना रणनीतिक परिवर्तन या फिर ऐसा कह लें कि किसी नए ठोस कदम उठाए जाने की ओर संकेत रहा। यह कुछ और न भी हो, फिर भी सीमा पर लगातार जुझारू स्थिति में पड़ोसी देश के नापाक इरादों से दो-दो हाथ कर रहे भारतीय जवानों का मनोबल बढ़ाना तो है ही। बल्कि जब देश भर में होली की फुहारें और दीवाली की रोशनी जगमगाती है तो प्रधानमंत्री इन पुनीत अवसरों को जवानों के साथ साझा करते हैं।

सेना के साथ मिलकर त्योहार मनाने का यह सिलसिला वर्ष 2014 से शुरू हुआ। मई 2014 में नरेंद्र मोदी प्रधानमंत्री बने। इसके बाद 23 अक्तूबर, 2014 को उन्होंने बतौर प्रधानमंत्री सियाचिन में पहली दीवाली मनाई। तब वे दुनिया के सबसे ऊँचे रणक्षेत्र पर पहुँचे थे। इसके बाद वे हर साल अलग-अलग सीमाओं पर जवानों के साथ मिलते रहे हैं।

इसी तरह, वर्ष 2015 में 11 नवंबर को उन्होंने अमृतसर में जवानों के साथ दीवाली मनाई थी। वहाँ वे सन् 1965 के युद्ध में शहीदों के वॉर मेमोरियल का दौरा भी करने पहुँचे थे। यहाँ डोगराई वॉर मेमोरियल में उन्होंने सन् 1965 के युद्ध के शहीदों को श्रद्धांजलि भी दी।

वर्ष 2016 में 30 अक्तूबर को प्रधानमंत्री मोदी हिमाचल प्रदेश के किन्नौर में दीवाली मनाने पहुँचे। यहाँ उन्होंने भारत-चीन बॉर्डर के पास आई.टी.बी.पी., भारतीय सेना और डोगरा स्काउट्स के जवानों के साथ दीवाली मनाई।

18 अक्तूबर, 2017 को प्रधानमंत्री मोदी जम्मू व कश्मीर के गुरेज में तैनात जवानों से मिलने पहुँचे। यह भी दीवाली का मौका था। उन्होंने जवानों से कहा था, "आपसे हाथ मिलाकर मुझे ऊर्जा मिलती है।" प्रधानमंत्री ने बीजी ब्रिगेड हेडक्वार्टर्स में सैनिकों को अपने हाथों से मिठाई खिलाई थी।

7 नवंबर, 2018 को प्रधानमंत्री मोदी ने भारत-तिब्बत सीमा पुलिस के जवानों के साथ उत्तराखंड के हर्षिल में दीवाली मनाई।

27 अक्तूबर, 2019 को प्रधानमंत्री मोदी ने एल.ओ.सी. पर जवानों के साथ दीवाली मनाई। प्रधानमंत्री मोदी राजौरी में एल.ओ.सी. पर तैनात सैनिकों से मिलने पहुँचे।

14 नवंबर, 2020 को प्रधानमंत्री मोदी ने जैसलमेर में लोंगेवाला पोस्ट पर जवानों के साथ दीवाली मनाई।

अपनी वार्षिक परंपरा को जारी रखते हुए 4 नवंबर, 2021 को प्रधानमंत्री नरेंद्र मोदी सैनिकों के साथ दीवाली मनाने जम्मू के नौशेरा पहुँचे। जवानों में भी हर साल की तरह प्रधानमंत्री मोदी के साथ दीवाली मनाने का उत्साह साफ

दिखा। दीवाली को लेकर वहाँ पर विशेष तैयारियाँ की गईं। प्रधानमंत्री ने कहा, "जो न झुका और न रुका, वो नौशेरा है।"

प्रधानमंत्री ने जवानों को संबोधित करते हुए कहा कि यह उनका वह परिवार है, जिसके साथ उन्होंने अपनी हर दीवाली मनाई है। उन्होंने बताया कि पहले गुजरात के मुख्यमंत्री के तौर पर और फिर प्रधानमंत्री के रूप में उन्होंने अपनी हर दीवाली इस परिवार के साथ ही मनाई है।

प्रधानमंत्री मोदी ने जोर देकर कहा कि जवान यहाँ सीमा पर डटे रहते हैं, इसी वजह से पूरा देश चैन की नींद सो पाता है। उन्होंने सभी जवानों को देश का सुरक्षा कवच बताया और कहा कि देश में उन्हीं की वजह से शांति व सुरक्षा बनी हुई है। उन्होंने जवानों का हौसला बढ़ाते हुए उन्हें वीरता का जीता-जागता उदाहरण भी बताया।

प्रधानमंत्री ने अब जवानों का हौसला तो बढ़ाया ही, इसके अलावा उनके गौरवशाली इतिहास को भी याद किया। उन्होंने नौशेरा के जवानों को बहादुर बताया और कहा कि दुश्मन जब इस धरती पर कदम रखता है, तो उसे हमेशा मुँहतोड़ जवाब मिलता है।

अपने संबोधन में प्रधानमंत्री ने पिछली सरकारों पर तंज भी कसा। उनकी नजरों में पहले देश के जवानों के लिए जब हथियार खरीदने होते थे, तब हमेशा दूसरे देशों पर निर्भर रहना पड़ता था। लेकिन अब 'आत्मनिर्भर भारत' पर जोर दिया जा रहा है। अब देश के अंदर ही अत्याधुनिक हथियार बन रहे हैं।

सेना में महिलाओं की बढ़ती भागीदारी पर भी प्रधानमंत्री ने खुशी जाहिर की। उन्होंने बताया कि अब एन.डी.ए. और दूसरे सैन्य स्कूलों में भी लड़कियों को पूरा मौका दिया जा रहा है। अब सेना में भी उनकी सक्रियता काफी ज्यादा बढ़ गई है। इस वजह से देश की सेना की पहचान पूरी दुनिया में और ज्यादा सशक्त हुई है।

प्रधानमंत्री ने जवानों के बीच भारत की मजबूत छवि का भी जिक्र किया। उन्होंने गर्व के साथ कहा कि भारत आज से हजार साल पहले भी अमर था और आनेवाले हजार साल भी अमर ही रहने वाला है।

प्रधानमंत्री नरेंद्र मोदी ने लोगों से दीवाली पर एक दीया जवानों के शौर्य को समर्पित कर जलाने की अपील की। राष्ट्र प्रहरियों के बीच प्रधानमंत्री मोदी ने सर्जिकल स्ट्राइक को याद करते हुए कहा कि सर्जिकल स्ट्राइक देश के हर नागरिक को गर्व से भर देती है। आज हमें बदलती दुनिया और युद्ध के बदलते स्वरूप के साथ ही अपनी सैन्य शक्ति को भी बढ़ाना है तथा उसे नई ताकत के साथ ढालना भी है। हमें अपनी तैयारियों को दुनिया में हो रहे तीव्र परिवर्तन के अनुकूल ही ढालना है।

प्रधानमंत्री मोदी के अनुसार, सेना में आना एक नौकरी नहीं है। पहली तारीख को तनख्वाह आएगी, इसके लिए नहीं; सेना में आना एक साधना है, जैसे कभी ऋषि-मुनि साधना करते थे। मैं सैनिकों के दिल के अंदर उस साधक का रूप देख रहा हूँ। वे माँ भारती की साधना कर रहे हैं।

□

14

रक्षा क्षेत्र में ऐतिहासिक उपलब्धियाँ

"चाहे वह नौसेना हो, जमीन हो या हवा, हमारे पास गर्वित साहसी एवं देशभक्त सैनिकों की एक विस्तृत श्रृंखला है, जो अपने जीवन का बलिदान करने के लिए तैयार हैं और यह हमारे लिए गर्व की भावना लाता है। मैं जब भी उनसे मिलने आता हूँ तो मुझे अपने देश की और भी अधिक सेवा करने की प्रेरणा मिलती है।"

—नरेंद्र मोदी

निर्भीकता के साथ आक्रामक राजनीति करना और उसमें सफलता प्राप्त करना प्रधानमंत्री मोदी का ट्रेडमार्क है। उन्होंने अपने ऊपर लगे किसी भी निराधार आरोप के लिए कभी माफी नहीं माँगी। जब वे प्रधानमंत्री बने तो लोगों को अपने राष्ट्र के सैन्य बलों को मिलनेवाले राजनीतिक आदेशों में उसी आक्रामकता और निर्भीकता की उम्मीद थी। जल्द ही रक्षा मंत्रालय प्रधानमंत्री मोदी की कैबिनेट का मुख्य केंद्र बन गया। संबंधित रक्षा मंत्रियों ने रक्षा को नए भारत का चेहरा बनाने के गहन प्रयास किए और उसमें सफलता प्राप्त की।

इसी क्रम में विजयादशमी के पर्व के दिन 15 अक्तूबर, 2021 को प्रधानमंत्री नरेंद्र मोदी ने रक्षा क्षेत्र की सात कंपनियाँ देश को समर्पित कीं। इन कंपनियों में पिस्टल से लेकर लड़ाकू विमान तक बनेंगे। सरकार का यह कदम

'आत्मनिर्भर भारत' अभियान के तहत भारत को आत्मनिर्भर बनाने की दिशा में बड़ा कदम माना जा रहा है। प्रधानमंत्री नरेंद्र मोदी ने इन कंपनियों के लिए 65 हजार करोड़ रुपए के ऑर्डर की जानकारी दी और कहा कि जो कुछ नया करना चाहते हैं, उन्हें अपनी प्रतिभा दिखाने का पूरा अवसर मिलेगा। उन्होंने कहा कि भारत ने अपनी आजादी के 75वें साल में प्रवेश किया है। आजादी के इस अमृत काल में देश एक नए भविष्य के निर्माण के लिए नए संकल्प ले रहा है; जो काम दशकों से अटके थे, उन्हें पूरा भी कर रहा है। उन्होंने कहा कि 41 ऑर्डिनेंस फैक्टरीज को नए स्वरूप में किए जाने का निर्णय और 7 नई कंपनियों की यह शुरुआत देश की इसी संकल्प यात्रा का हिस्सा है।

प्रधानमंत्री मोदी ने कहा कि निर्णय पिछले 15-20 वर्षों से लटका हुआ था। आज देश के रक्षा क्षेत्र में जितनी पारदर्शिता, विश्वास और प्रौद्योगिकी-संचालित दृष्टिकोण है, उतना पहले कभी नहीं रहा। आजादी के बाद पहली बार हमारे रक्षा क्षेत्र में इतने बड़े सुधार हो रहे हैं, अटकाने-लटकानेवाली नीतियों की जगह सिंगल विंडो सिस्टम की व्यवस्था की गई है। 'आत्मनिर्भर भारत' अभियान के तहत देश का लक्ष्य अपने दम पर दुनिया की बड़ी सैन्य ताकत बनने का है, भारत में आधुनिक सैन्य उद्योग के विकास का है।

मोदी सरकार ने पिछले 7 वर्षों में देश में 'मेक इन इंडिया' के मंत्र के साथ अपने इस संकल्प को आगे बढ़ाने का काम किया है। विश्व युद्ध के समय भारत की ऑर्डिनेंस फैक्टरीज का दमखम दुनिया ने देखा है। हमारे पास बेहतर संसाधन होते थे, विश्व स्तर का स्किल होता था। आजादी के बाद हमें इन फैक्टरीज को अपग्रेड करने की, नए युग की टेक्नोलॉजी को अपनाने की जरूरत थी; लेकिन इस पर पर्याप्त ध्यान नहीं दिया गया।

केंद्र सरकार ने 'ऑर्डिनेंस फैक्टरी बोर्ड' को भंग कर दिया है। नियमों में बदलाव कर इन कंपनियों में कार्यरत कर्मचारियों के हड़ताल करने पर भी रोक लगा दी गई है। सरकार ने 'ऑर्डिनेंस फैक्टरी बोर्ड' भंग कर सात नई कंपनियों के गठन का फैसला किया। केंद्र सरकार के इसी फैसले के तहत 'ऑर्डिनेंस फैक्टरी बोर्ड' को भंग कर सात नई कंपनियाँ गठित की गईं।

'ऑर्डिनेंस फैक्टरी बोर्ड' भंग कर जिन सात कंपनियों का गठन किया गया है, उनके नाम हैं—म्यूनिशंस इंडिया लिमिटेड, आर्म्ड व्हीकल्स निगम लिमिटेड, एडवांस्ड वीपन्स एंड इक्विपमेंट्स इंडिया लिमिटेड, ट्रूप्स कम्फर्ट्र्स लिमिटेड, यंत्र इंडिया लिमिटेड, इंडिया ऑप्टेल लिमिटेड और ग्लिडर्स इंडिया लिमिटेड।

जब मोदी सरकार ने शपथ ली तो भारत दुनिया का दूसरा सबसे बड़ा रक्षा आयातक था। यह न सिर्फ हमारे रक्षा बजट पर भारी बोझ डालता था, बल्कि हमारे विदेशी मुद्रा भंडार को खाली करता था। इसके अतिरिक्त, यह संकट के समय खतरनाक सिद्ध हो सकता था, क्योंकि कभी भी हमारी रक्षा जरूरतों को लेकर दूसरे राष्ट्रों द्वारा ब्लैकमेल किया जा सकता था। किंतु मोदी सरकार ने रक्षा निर्माण का सख्ती से स्वदेशीकरण करने का फैसला किया। रक्षा निर्माण 'मेक इन इंडिया' और 'आत्मनिर्भर भारत' का प्रमुख केंद्र बन गया। भारत तीन श्रेणियों के तहत स्वदेशी रक्षा उत्पाद बना रहा है, अर्थात्—मेक-1, मेक-2 और मेक-3।

मेक-1 श्रेणी के अंतर्गत आनेवाली परियोजनाओं में वित्त-पोषण स्रोत केंद्र सरकार होती है। सरकार इस श्रेणी के लिए आवश्यक 90 प्रतिशत धनराशि प्रदान करती है। वर्तमान में मेक-1 के तहत सात परियोजनाएँ विकास के विभिन्न चरणों में हैं। उनमें से चार नाम—इंडियन लाइट टैंक, टर्मिनल एंड सीक्रेसी डिवाइस (टी.ई.एस.डी.), टैक्टिकल कम्युनिकेशन सिस्टम (टी.सी.एस.) और फ्यूचरिस्टिक इन्फैंट्री कॉम्बैट व्हीकल (एफ.आई.सी.वी.) से सेना को अत्यधिक लाभ होगा। ग्राउंड बेस्ड सिस्टम के साथ एयरबोर्न इलेक्ट्रो ऑप्टिकल पॉड, एयरबोर्न स्टैंड-ऑफ जैमर और कम्युनिकेशन सिस्टम नाम की तीन परियोजनाएँ वायुसेना के सुरक्षा तंत्र को बढ़ाएँगी।

मेक-2 श्रेणी के अंतर्गत स्थापित रक्षा उद्योग वित्त-पोषण का सबसे बड़ा स्रोत है। मेक-2 परियोजनाओं को 'मेक इन इंडिया' पहल का प्रमुख स्तंभ कहा जा सकता है। ये मुख्य रूप से भारत के रक्षा आयात (आयात प्रतिस्थापन) के लिए डिजाइन किए गए हैं और नए उभरते घरेलू विनिर्माण

उद्योग द्वारा वित्त-पोषित हैं। इस विशेष श्रेणी के तहत परियोजनाएँ प्रोटोटाइप, सिस्टम और सबसिस्टम, जैसे—स्पेयर पार्ट्स, रडार सिस्टम, डिटेक्शन सिस्टम, इंस्ट्रूमेंटेशन पार्ट्स और लाइट ट्रक के निर्माण होंगे। वर्तमान में, देश की तीनों सेनाओं के लिए ऐसी 68 परियोजनाएँ परिचालन चरणों में हैं।

इस तथ्य को देखते हुए कि किसी उद्योग को परिपक्वता के चरण में आने में 10 से 15 साल लगते हैं, सरकार ने विदेशी कंपनियों को भी बोर्ड में लेने का फैसला किया है। मेक-3 श्रेणी के अंतर्गत आनेवाली परियोजनाएँ इसके लिए प्रावधान करती हैं। इसके तहत एक भारतीय विक्रेता भारत में हथियार बनाने के लिए विदेशी मूल उपकरण निर्माता के साथ एक संयुक्त उद्यम बना सकता है। रक्षा परियोजनाओं में किसी भी तरह की बाधा की समस्या को खत्म करने के लिए सरकार ने अलग से रक्षा गलियारा बनाने का फैसला किया। अब तक 351 कंपनियों को इन कॉरिडोर में संचालन के लिए कुल 568 लाइसेंस दिए जा चुके हैं। वर्ष 2024 के अंत तक स्थानीय रक्षा और एयरोस्पेस सामानों में कुल 1.75 लाख करोड़ रुपए का कारोबार करने का लक्ष्य है। रक्षा मंत्रालय इस लक्ष्य को हासिल करने की प्रक्रिया को तेज कर रहा है।

नौकरशाही का दखल-बेदखल

नौकरशाही शायद भारत के विकास में सबसे बड़ी बाधा है! 'तेजस परियोजना' में तीन दशक की लंबी देरी इसका अंतिम प्रमाण रही। कुछ साल पहले सरकार रक्षा उद्योग के एक औसत कर्मचारी पर 1.25 लाख रुपए खर्च करती थी। उनमें से ज्यादातर सार्वजनिक रक्षा क्षेत्र की इकाइयों (डी.पी.एस.यू.) से थे। इसके अतिरिक्त, विदेशी ओ.ई.एम. के लिए पिचिंग करनेवाले रक्षा एजेंट भी संसाधनों का बड़ा हिस्सा खा जाते थे। सरकार का पहला बड़ा नौकरशाही-विरोधी हस्तक्षेप एजेंटों से संबंधित नियमों को सुव्यवस्थित करना था। रक्षा खरीद में एजेंटों के महत्त्व को स्वीकार करते हुए

सरकार ने कंपनियों को एजेंटों को नियुक्त करने की अनुमति दी, लेकिन उन पर कुछ सख्त शर्तें लगाईं।

पहले के रक्षा सौदे मंत्रालयों के बाबुओं द्वारा अनुमोदन के अधीन थे। वे कितने भी विशेषज्ञ क्यों न हों, वे एक सैन्य जनरल की तरह विशेषज्ञ नहीं हो सकते थे। इसलिए उन्हें जनरलों की तुलना में रक्षा सौदों में उच्च अधिकार देना एक गलत विचार था। चीफ ऑफ डिफेंस स्टाफ के पद के सृजन के माध्यम से रक्षा मंत्रालय ने रक्षा सौदों में सैन्य भागीदारी को न सिर्फ उन्नत किया, बल्कि कमीशनखोर दलालों को किनारे भी लगाया।

लेकिन शीर्ष नौकरशाहों को दरकिनार करना काफी नहीं है। नौकरशाही एक ऐसी घटना है, जिसने सार्वजनिक क्षेत्र की प्रत्येक इकाई की दैनिक दिनचर्या में प्रवेश कर लिया है। लेकिन रक्षा क्षेत्र में ढुलमुल रवैया अक्षम्य है, क्योंकि यह सीधे तौर पर राष्ट्र की संप्रभुता को प्रभावित करता है। रक्षा मंत्रालय ने इस व्यवस्था को खत्म करने का फैसला किया, जिसके फलस्वरूप 'आयुध निर्माणी बोर्ड' (ओ.एफ.बी.) को भंग करने का कार्य शुरू किया। ओ.एफ. बी. को सात नई कुशल कंपनियों में पुनर्गठित किया गया, जिनके नाम पहले दिए गए हैं।

रक्षा जरूरतों को पूरा करनेवाली योजनाओं-परियोजनाओं और साथ ही सेना के आधुनिकीकरण की प्रक्रिया में नौकरशाही के अनावश्यक हस्तक्षेप को भी खत्म करने की जरूरत थी। सेना से जुड़े मामले सैन्य विशेषज्ञों को ही देखने चाहिए। ओ.एफ.बी. को मोदी सरकार ने बड़ी आसानी से तोड़ दिया, क्योंकि मंत्रालय के पास इसके नकारात्मक प्रभाव के आँकड़े थे। भारतीय सेना ने अपने आंतरिक मूल्यांकन में पाया कि 'आयुध निर्माणी बोर्ड' (ओ.एफ.बी.) द्वारा आपूर्ति किए गए खराब गुणवत्तावाले रक्षा उपकरणों के कारण वर्ष 2014 से अब तक 27 लोगों की मौत हुई और सरकार को 960 करोड़ रुपए का नुकसान हुआ। अन्य डी.पी.एस.यू. को ओवरहॉल करने के लिए डी.आर.डी.ओ., एच.ए.एल., बी.डी.एल., बी.ई.एम.एल. आदि से इसी तरह के डाटा एकत्रित किए जा रहे हैं।

सरकारी-निजी भागीदारी

पिछली सरकारें रक्षा उद्यमों में सार्वजनिक क्षेत्र की भागीदारी को लेकर संशय में रही हैं। हमारी राज व्यवस्था के समाजवादी झुकाव ने उनमें अविश्वास को और बढ़ा दिया। उनका मानना था कि मुनाफे के उद्देश्य से चलनेवाली निजी कंपनियाँ देशभक्ति के उद्देश्य को पूरा नहीं कर पाएँगी। शीतयुद्ध के दिनों में यह सच हो सकता है, लेकिन अब इक्कीसवीं सदी में यह प्रासंगिक नहीं था।

रक्षा मंत्रालय ने निजी भागीदारी को आमंत्रित करने के लिए कई उपाय किए। मोदी सरकार ने रक्षा निर्माण में आत्मनिर्भरता को प्रोत्साहन प्रदान करने के लिए 'रक्षा उत्पादन एवं निर्यात संवर्धन नीति, 2020' तैयार की। 'खरीदें' (भारत में वैश्विक निर्माण) श्रेणी के माध्यम से इसने विदेशी विक्रेताओं को अपनी स्थानीय सहायक कंपनियों के साथ भारत में निर्माण करने के लिए कहा। मंत्रालय ने इस क्षेत्र में एफ.डी.आई. की सीमा भी बढ़ा दी।

सरकार ने डी.पी.एस.यू. के लिए स्थानीय रक्षा निर्माण में भाग लेने के इच्छुक स्थानीय एम.एस.एम.ई./स्टार्टअप के साथ बातचीत करने के लिए एक पोर्टल खोला। परिणाम जबरदस्त थे। भारत, जो रक्षा वस्तुओं के शुद्ध आयातक के रूप में जाना जाता था, उसने निर्यात करना शुरू कर दिया। वर्ष 2014 के बाद से भारतीय हथियारों के निर्यात में छह गुना की वृद्धि देखी गई।

अधिकारियों के बीच तालमेल

सरकार ने रक्षा प्रतिष्ठान की सभी तीन मुख्य शाखाओं के समन्वय के लिए अथक श्रम किया। हालाँकि, युद्ध और अन्य आपात स्थितियों के दौरान चीजें जटिल हो जाती हैं। इन स्थितियों में आदेशों के तेजी से कार्यान्वयन के लिए शीर्ष पर एक एकल व्यक्ति की आवश्यकता होती है। इसलिए कारगिल समीक्षा समिति ने भारत सरकार को एक सैन्य सलाहकार बनाने का सुझाव दिया, जिसके निर्देशों का पालन सभी करेंगे।

मोदी सरकार के रक्षा मंत्रालय ने सिफारिशों का पालन किया। जनरल बिपिन रावत भारत के पहले चीफ ऑफ डिफेंस स्टाफ (सी.डी.एस.) बने। भारत का सी.डी.एस. नवगठित सैन्य मामलों के विभाग (डी.एम.ए.) का प्रमुख और मंत्रालय का मुख्य सैन्य सलाहकार है। डी.एम.ए. एवं सी.डी.एस. पोस्ट के गठन को एक एकीकृत थिएटर कमांड (आई.टी.सी.) विकसित करने के हिस्से के रूप में माना जाता है।

सशस्त्र बलों का आधुनिकीकरण

हमेशा आक्रामक भारत-विरोधी पड़ोसियों के मद्देनजर सशस्त्र बलों का आधुनिकीकरण सरकारों के लिए सर्वोच्च प्राथमिकता होनी चाहिए थी। दुर्भाग्य से, अधिकांश समय तक यह मुद्दा ठंडे बस्ते में रहा। जब श्री मनोहर पर्रिकर रक्षामंत्री के रूप में कार्यभार सँभाल रहे थे, तब सेना में उन्नत बंदूकें, कुशल बुलेटप्रूफ जैकेट्स तथा अच्छी गुणवत्तावाले जूते जैसी बुनियादी वस्तुओं की कमी थी।

रक्षा मंत्रालय ने कुछ ही वर्षों में चीजों को बदल दिया और जल्दी ही 93 आधुनिकीकरण परियोजनाएँ विकास के विभिन्न चरणों में थीं। इन उत्पादों की कुल कीमत 1.37 लाख करोड़ रुपए आँकी गई। सेना उच्च मात्रा की मारक क्षमता, आर्टिलरी गन, उन्नत पिनाका रॉकेट रेजिमेंट, लंबी दूरी की 'ब्रह्मोस' सुपरसॉनिक क्रूज मिसाइलों के साथ-साथ लोइटर मूनिशन सिस्टम, आधुनिक संचालित विमान प्रणाली और बढ़ी हुई निगरानी तथा हथियार-खोज क्षमताओं की खरीद कर रही है।

इसी तरह, मोदी सरकार के दौरान नौसेना के आधुनिकीकरण ने भी कई मुकाम हासिल किए। जब यह स्पष्ट हो गया कि न केवल गलवान घाटी में भारतीय और चीनी नौसैनिक प्रतिद्वंद्वी भी होंगे, हमारी नौसेना ने एक एयरक्राफ्ट कॅरियर, बड़े युद्धपोतों, पनडुब्बियों और समुद्री विमानों के प्रक्षेपण के साथ कदम बढ़ाया।

संभवत: वायुसेना भारत की आधुनिकतम सशस्त्र सेनाओं में सबसे

अधिक उपेक्षा का शिकार रही। मोदी सरकार ने वायुसेना के आधुनिकीकरण के लिए कई पहलें कीं। इसमें 'सुखोई' लड़ाकू विमान को अपग्रेड किया गया और लंबे समय से प्रतीक्षारत 'राफेल' को भी भारत लाया गया। वर्तमान में, बहु–भूमिकाओं वाले 114 लड़ाकू विमानों की आपूर्ति के लिए प्रतियोगिता और विक्रय प्रक्रिया जारी है। हलके युद्ध के मोरचे पर एच.ए.एल. रुद्र, एच.ए.एल. ध्रुव, एमआई–17वी–5, कामोव केए–226टी प्रधानमंत्री मोदी की रक्षा टीम की कुछ प्रमुख उपलब्धियाँ रही हैं।

मोदी सरकार यह समझ चुकी है कि आक्रमण ही सबसे अच्छा बचाव है। अधिकांश भारतीय सरकारों को यह समझ में नहीं आया, लेकिन मोदी सरकार भारत को अजेय किला बनाने के लिए ईमानदारी और पूर्ण समर्पण भाव से कड़ी मेहनत कर रही है।

□

15

सर्जिकल स्ट्राइक

"सर्जिकल स्ट्राइक में आपकी भूमिका पर हमें गर्व है। मैं कॉल का बेसब्री से इंतजार कर रहा था। मैं नहीं चाहता था कि कोई पीछे छूट जाए; लेकिन आप विजेता बनकर सामने आए।"

—नरेंद्र मोदी

मोदी सरकार में भारतीय सेना ने जबरदस्त पराक्रम दिखाकर यह साबित किया है कि अब भारत की सैन्य शक्ति दुनिया के किसी भी विकसित देश से कम नहीं है। घर में घुसकर मारने की नीति अपनाकर मोदी सरकार ने यह संदेश भी दिया कि वह कड़े फैसले लेने में नहीं हिचकेगी। भारत में घटी आतंकी घटनाओं का बदला लेने के लिए उरी में सर्जिकल स्ट्राइक और बालाकोट में एयर स्ट्राइक के जरिए मोदी सरकार ने दुनिया को यह बता दिया कि भारत पारंपरिक लड़ाई के साथ अब गैर-पारंपरिक लड़ाई में भी मुँहतोड़ जवाब दे सकता है।

उरी में सुरक्षा बलों के कैंप पर आतंकी हमले के बाद 28 सितंबर, 2016 को भारतीय सेना की स्पेशल फोर्स ने सर्जिकल स्ट्राइक करके पाकिस्तान के नापाक मनसूबों का मुँहतोड़ जवाब दिया। भारतीय कमांडोज ने पाकिस्तान के कब्जेवाले कश्मीर में आतंकियों के लॉन्च पैड्स पर हमला कर उन्हें तबाह कर दिया। इसके बाद 14 फरवरी, 2019 को पुलवामा में आतंकी हमला हुआ

तो भारतीय वायुसेना ने 26 फरवरी को बालाकोट एयर स्ट्राइक से पाकिस्तान को मुँहतोड़ जवाब दिया। भारतीय जवानों ने पाकिस्तान की सीमा में घुसकर आतंकियों के ठिकानों को तबाह कर दिया।

29 सितंबर, 2016 को भारत ने घोषणा की कि उसने पाकिस्तान अधिकृत कश्मीर में नियंत्रण रेखा के पार आतंकवादी लॉन्च पैड के खिलाफ सर्जिकल स्ट्राइक की। पाकिस्तान ने भारत के दावे को खारिज कर दिया और इसके बजाय दावा किया कि भारतीय सैनिकों ने नियंत्रण रेखा को पार नहीं किया और केवल सीमा पर पाकिस्तानी सैनिकों के साथ झड़प की। भारतीय मीडिया ने हताहतों की संख्या 35 से 70 तक अलग-अलग रिपोर्ट की। पाकिस्तान ने 2 पाकिस्तानी सैनिकों की मौत और 9 घायलों की मौत को स्वीकार किया।

18 सितंबर, 2016 को उरी शहर के पास एक सैन्य अड्डे पर 4 सशस्त्र आतंकवादियों द्वारा एक आत्मघाती हमला किया गया। इसमें भारतीय सेना के 19 जवान मारे गए। भारतीय सेना ने कहा कि उसने हमलों के मद्देनजर काफी संयम दिखाया; लेकिन उसने 'अपनी पसंद के समय और स्थान पर' जवाब देने का अधिकार सुरक्षित रखा।

21 सितंबर को भारत ने पाकिस्तान के उच्चायुक्त अब्दुल बासित को तलब किया और एक विरोध-पत्र दिया, जिसमें पाकिस्तान स्थित एक आतंकवादी समूह की संलिप्तता का विवरण दिया गया।

सरकारी सूत्रों के अनुसार, 24 सितंबर, 2016 को सुरक्षा पर कैबिनेट समिति की बैठक हुई, जिसमें 'आतंकवादियों को निशाना बनाने के व्यापक विवरण' पर चर्चा की गई और उरी हमले के ग्यारह दिनों के बाद, 29 सितंबर, 2016 को, भारतीय सेना ने पाक अधिकृत कश्मीर में संदिग्ध आतंकवादियों के खिलाफ सर्जिकल स्ट्राइक की।

इस दिन मध्य रात्रि को 4 पारा की टीमों ने कुपवाड़ा जिले के नौगाम सेक्टर में नियंत्रण रेखा पार की; जबकि 9 पारा की टीमों ने एक साथ पुंछ जिले में नियंत्रण रेखा को पार किया। सेना के सूत्रों के अनुसार, भारतीय समयानुसार

रात 2 बजे तक विशेष बलों की टीमों ने 1 से 3 किमी. की पैदल यात्रा की और हथगोले तथा 84 मिमी. रॉकेट लॉञ्चर के साथ आतंकवादी ठिकानों को नष्ट करना शुरू कर दिया। इसके बाद टीमें तेजी से नियंत्रण रेखा की भारतीय सीमा में लौट आईं।

भारतीय गृह मंत्रालय के एक वरिष्ठ अधिकारी ने बाद में दावा किया कि छापे के मद्देनजर लश्कर-ए-तैयबा, हिजबुल मुजाहिदीन और जैश-ए-मोहम्मद से संबंधित कम-से-कम 12 प्रशिक्षण शिविरों को पीर चानासी, अक्ष मस्कर में उनके स्थानों से तेजी से स्थानांतरित कर दिया गया।

विशिष्ट तथ्य

सर्जिकल स्ट्राइक दुनिया भर की सेनाओं द्वारा आक्रामक, दुश्मन के ठिकानों एवं प्रतिष्ठानों को नष्ट करने तथा वापस सुरक्षित अपनी सीमा में लौटने के लिए हलकी गति के साथ और सीमित हताहत होने की अतिरिक्त सावधानी के साथ की जानेवाली सैन्य कारवाई है। सर्जिकल स्ट्राइक के लिए न केवल विस्तृत योजना की आवश्यकता होती है, बल्कि न्यूनतम संपार्श्विक क्षति के साथ लक्ष्यों को नीचे ले जाने के उद्देश्य को प्राप्त करने के लिए पूरी सटीकता के साथ किए जाने की आवश्यकता होती है।

- सर्जिकल स्ट्राइक बुधवार आधी रात करीब 12.30 बजे शुरू हुई। खबरों के मुताबिक, इसमें स्पेशल फोर्स के पैराट्रूपर्स शामिल थे।
- कमांडोज को एल.ओ.सी. पर एयरड्रॉप किया गया, जहाँ से वे पाकिस्तान की तरफ चले गए।
- भारतीय कमांडोज सर्जिकल स्ट्राइक करने के लिए नियंत्रण रेखा के पार 3 किलोमीटर अंदर तक घुस गए।
- एल.ओ.सी. के पाक की तरफ भीमबेर, हॉटस्प्रिंग, केल और लीपा सेक्टरों में हमले किए गए।
- सर्जिकल स्ट्राइक के दौरान 7 आतंकी लॉञ्च पैड नष्ट किए गए।
- भारतीय सेना की सर्जिकल स्ट्राइक में 38 आतंकवादी और 2

पाकिस्तानी सैनिक मारे गए। कोई भारतीय हताहत नहीं हुआ। मारे गए लोगों में आतंकवादी, उनके गाइड और हैंडलर शामिल रहे।

- यह मिशन तड़के सुबह 4.30 बजे खत्म हुआ।

एक साक्षात्कार में प्रधानमंत्री नरेंद्र मोदी ने सैन्य काररवाई के विवरण का खुलासा करते हुए कहा था कि सैनिकों की सुरक्षा को ध्यान में रखते हुए हमले की तारीख दो बार बदली गई। प्रधानमंत्री ने कहा कि सर्जिकल स्ट्राइक की योजना बनाई गई थी, क्योंकि उरी में आतंकी हमले में सैनिकों के मारे जाने के बाद उनके साथ-साथ सेना के भीतर भी एक आक्रोश पैदा हो रहा था। प्रधानमंत्री ने यह भी कहा कि उन्होंने सैनिकों को सफलता या विफलता के बारे में नहीं सोचने और सूर्योदय से पहले वापस आने का आदेश दिया।

प्रधानमंत्री मोदी ने कहा कि सेना से बात करते हुए उन्होंने महसूस किया कि वे अपने शहीद सैनिकों के लिए न्याय चाहते हैं और सरकार ने उन्हें सर्जिकल स्ट्राइक की योजना बनाने तथा उसे अंजाम देने के लिए 'फ्री हैंड' दिया।

□

16

भारत बना सैन्य-निर्माण हब

"हम रक्षा निर्माण प्रणाली में सेवानिवृत्त रक्षाकर्मियों की तैनाती की दिशा में काम कर रहे हैं, ताकि उनकी ताकत का उपयोग किया जा सके—विदेशी धन का उपयोग कैसे किया जाए और सर्वोत्तम रक्षा सुरक्षा-तंत्र कैसे प्रदान किया जाए; और हम बहुत योजनाबद्ध तरीके से इसकी ओर बढ़ रहे हैं।"

—नरेंद्र मोदी

रक्षामंत्री अरुण जेटली के कार्यकाल में रक्षा मंत्रालय ने बड़े सुधार प्रारंभ किए। सैन्य क्षेत्र में अधिग्रहण के साधारण नियम सहित बड़े सुधारों को हरी झंडी दी गई। उनका सबसे महत्त्वपूर्ण निर्णय था—भारत को सैन्य-निर्माण के हब के रूप में विकसित करना। उन्होंने इसकी शुरुआत मई 2017 में काफी समय से लंबित पड़ी रणनीतिक साझेदारी को हरी झंडी दिखाकर की। इस नीति के तहत कुछ निजी भारतीय कंपनियों को विदेशी कंपनियों के साथ मिलकर सैन्य साजो-सामान, जैसे—पनडुब्बियाँ, लड़ाकू विमान, हेलीकॉप्टर, टैंक और अन्य बख्तरबंद सैन्य वाहन भारत में ही बनाने की इजाजत दी गई।

इस नीति के तहत पहले प्रोजेक्ट के तहत भारतीय नौसेना 21,000 करोड़ रुपए के 111 यूटिलिटी हेलीकॉप्टर्स खरीद रही है। रक्षामंत्री रहते जेटली ने

अगस्त 2017 में भारतीय सेना के लिए 65 सुधारों को मंजूरी दी। इनमें 57,000 सैन्य अफसर और अन्य रैंक के सैन्य कर्मियों के रिडिप्लॉयमेंट शामिल थे।

रक्षामंत्री रहते जेटली ने सेना, नौसेना और वायुसेना की मारक क्षमता बढ़ाकर उन्हें मजबूती प्रदान करने पर जोर दिया। इन बदलावों को रीजनल सिक्योरिटी मैट्रिक्स और जियो पॉलिटिकल डायनेमिक्स को ध्यान में रखकर किया गया। मोदी सरकार में बतौर वित्तमंत्री अपने वर्ष 2018-19 के बजट में जेटली ने घरेलू सैन्य उत्पादन बढ़ाने के लिए दो सैन्य कॉरिडोर स्थापित करने का प्रस्ताव दिया। उन्होंने नौसेना और वायुसेना में महत्त्वपूर्ण सुधारों के लिए मंजूरी प्रदान की।

रक्षामंत्री राजनाथ सिंह ने खुद फ्रांस जाकर लड़ाकू विमान 'राफेल' को भारत लाने की प्रक्रिया शुरू की। प्रधानमंत्री मोदी ने तमाम रक्षा दलालों और कंपनी के स्तर पर चर्चा छोड़कर सीधे फ्रांस सरकार के स्तर पर बातचीत कर राफेल की खरीद की राह प्रशस्त की। साथ ही 'मेक इन इंडिया' को बढ़ावा देने के लिए उसके कल-पुरजे भारत में बनाने का समझौता भी कर लिया। 'राफेल' और हलके लड़ाकू विमान 'तेजस' ने भारतीय वायुसेना की क्षमता को कई गुना बढ़ा दिया। रक्षा के क्षेत्र में 'आत्मनिर्भर भारत' का नारा बुलंद किया गया।

फ्रांस से आए 32 'राफेल' लड़ाकू विमानों के दो स्क्वाड्रन तैयार किए गए। भारत में ही विकसित हलके लड़ाकू विमान 'तेजस' के दो स्क्वाड्रन तैयार किए गए हैं। लड़ाकू हेलीकॉप्टरों में 'चिनूक' तथा हमला करनेवाले 'अपाचे' हेलीकॉप्टर ने ताकत को और मजबूत किया। आकाश से जमीन पर मार करनेवाली सुपरसॉनिक मिसाइल 'ब्रह्मोस' का वायुसेना में जोड़ा जाना और आस्ट्रा यानी रडार से संचालित हवा से हवा में मार करनेवाली मिसाइलों को नई स्क्वाड्रन पर लगाया जाना साबित कर रहा है कि हिंद महासागर में भारत की सामरिक क्षमता अब किसी से कम नहीं है।

स्पेन की एयरबस से 56 सी-295 एम.डब्ल्यू. पोर्ट एयरक्राफ्ट की खरीद की गई। रक्षा मंत्रालय ने जमीन से हवा में मार करनेवाली मध्यम

दूरी की मिसाइलों को वायुसेना में इस्तेमाल के लिए दिया। साथ ही बाड़मेर, राजस्थान के सत्ता-गांधव में राष्ट्रीय राजमार्ग-925ए में लड़ाकू विमानों की आपातकालीन लैंडिंग की सुविधा का उद्घाटन किया गया।

भारत में बने युद्धक टैंक 'अर्जुन' की खरीद के लिए 7,523 करोड़ रुपए का ऑर्डर दिया गया है, जिसमें चेन्नई की हैवी व्हीकल्स फैक्टरी जल्दी ही 118 यूनिटें सप्लाई करेगी। एक भारतीय विक्रेता से 1.86 लाख बुलेटप्रूफ जैकेट्स खरीदी गईं। अमेठी में 5,100 करोड़ रुपए का प्रोजेक्ट लगाया गया, जिसमें ए.के.-203 राइफलें बनती हैं। जवानों के कंधों पर ले जाई जा सकनेवाली जमीन से हवा में मार करनेवाली हलके वजन की एंटी-टैंक गाइडेड मिसाइलों का सफल परीक्षण किया गया।

मध्यम दूरी की जमीन से हवा में मार करनेवाली मिसाइलों का सफल परीक्षण ओडिशा के समुद्र-तट पर किया गया। ऊँचे स्थानों पर जमीन से हवा में मार करनेवाली मिसाइलों का सफल परीक्षण किया गया। हाई एल्टीट्यूड इलाकों पर दुश्मनों के छक्के छुड़ानेवाली भारत में बनी एंटी-टैंक मिसाइलों का सफल परीक्षण किया जा चुका है।

भारत में ही बने पहले विमानवाहक युद्धपोत का ट्रायल पूरा हो चुका है और इसे आजादी के 75 वर्षों के दौरान ही नौसेना को कमीशन पर दिया जाएगा। साथ ही, आई.एन.एस. 'विशाखापत्तनम' को कमीशन किया जा चुका है। आई.एन.एस. 'कलवरी' एस-21 स्कॉर्पीन क्लास पनडुब्बी को प्रधानमंत्री मोदी खुद कमीशन कर चुके हैं। ऐसी पाँच पनडुब्बियाँ नौसेना को दी जानी हैं। पश्चिमी तट पर 'करंज' और 'वेला' पनडुब्बी की तैनाती की गई है। इन सबके साथ-साथ दो भारतीय युद्धपोत 'सूरत' व 'उदयगिरि' को कमीशन किया जा चुका है। हर मौके पर खुद रक्षामंत्री राजनाथ सिंह ने मौजूद रहकर पूरी टीम का मनोबल बढ़ाया है।

सरकार ने कोस्ट गार्ड के लिए 16 ए.एल.एच., एडवांस्ड लाइट हेलीकॉप्टर्स की खरीद के लिए हिंदुस्तान एयरोनॉटिक्स लिमिटेड के साथ वर्ष 2017 में समझौता किया। अब तक 8 हेलीकॉप्टर कोस्ट गार्ड को सौंप दिए गए

हैं और बाकी जल्दी ही सौंप दिए जाएँगे। इनको 4 हेलीकॉप्टरवाले 4 स्क्वाड्रनों में बाँट दिया गया है, जिन्हें भुवनेश्वर, पोरबंदर, कोच्चि और चेन्नई से ऑपरेट किया जाएगा। 8 ऑफशोर पेट्रोल वेसल, 4 इंटरसेप्टर बोट वर्ष 2020-21 में बनाए गए और बेड़े में शामिल किए गए। गोवा शिपयार्ड से 473 करोड़ रुपए का करार करके 8 तेज पेट्रोलिंग वेसल बनाने का आदेश दिया गया।

इस प्रकार, प्रधानमंत्री मोदी का सपना—खुद ही हथियार बनाने का भारत का सपना—पूरा होता नजर आ रहा है। मोदी सरकार का 'आत्मनिर्भर भारत' का नारा उड़ान भर चुका है। रक्षा मंत्रालय ने करीब 310 रक्षा उपकरण बनाने का सौदा घरेलू उद्योगों के लिए सुरक्षित कर दिया है। रक्षा सामग्री की खरीद के लिए वर्ष 2022-23 में कुल आवंटन का 68 प्रतिशत हिस्सा घरेलू उद्योगों के लिए रिजर्व कर दिया गया है, यानी अब घरेलू उद्योग 84,598 करोड़ रुपए का सामान अपने ही देश में बेच पाएँगे।

घरेलू रक्षा उद्योग के लिए आवंटित कुल लागत का 25 प्रतिशत हिस्सा निजी उद्योग, मध्यम एवं सूक्ष्म उद्योग और स्टार्टअप के लिए रखा गया है। खरीद की प्रक्रिया को फास्ट ट्रैक कर दिया गया है। रक्षा के क्षेत्र में रिसर्च एंड डेवलपमेंट पर भी जोर दिया जा रहा है।

डिफेंस इनोवेशन स्टार्टअप चैलेंज जैसी अनूठी प्रतियोगिताएँ लॉन्च की गई हैं, ताकि सशस्त्र सेना के लिए उनकी जरूरत के मुताबिक सामान मिल सके। रक्षा उपकरणों के निर्यात में वर्ष 2014-15 के 1,941 करोड़ रुपए से अब तक 334 प्रतिशत की बढ़ोतरी हुई है, यानी अब निर्यात वर्ष 2020-21 में 8,434 करोड़ रुपए पहुँच गया है। अब भारत में बने रक्षा के सामान 84 देशों को निर्यात किए जा रहे हैं।

'मेक इन इंडिया' और 'मेक फॉर वर्ल्ड' के तहत जो कंपनियाँ किसी स्थानीय कंपनियों के साथ मिलकर रक्षा क्षेत्र में प्रवेश करना चाहती हैं, उनके लिए मोदी सरकार ने रक्षा क्षेत्र में विदेशी निवेश 74 प्रतिशत कर दिया है; जबकि अगर सीधा सरकार से समझौता करती हैं तो 100 प्रतिशत निवेश कर सकती हैं।

सरकार की रिसर्च एंड डेवलपमेंट नीति के तहत सेना के लिए 'रुस्तम-2' जैसे—यू.ए.वी., 'निर्भय' सबसॉनिक क्रूज मिसाइल, जो 1,000 किमी. तक 300 वारहेड ले जाकर मार सकती है; 'ब्रह्मोस' सुपरसोनिक मिसाइल, जिसका सफल परीक्षण सुखोई-30 से किया जा चुका है। मध्यम दूरी की मारक क्षमतावाली जमीन से हवा में मार करनेवाली मिसाइलों का सफल परीक्षण ए.ई.एन.एस. कोच्चि से किया जा चुका है। 'पिनाका' रॉकेट सिस्टम, ऑस्ट्रा—हवा से हवा में सुपरसोनिक टारगेट्स पर मार करनेवाली मिसाइलों को विकसित किया जा रहा है। इसके अतिरिक्त, जिन विदेशी कंपनियों से करार हो रहे हैं, उन्हें भारतीय उद्योगों के लिए भी तकनीकी ट्रांसफर का करार करना जरूरी हो गया है।

भारत में निर्मित जंगी जहाजों एवं पनडुब्बियों ने नौसेना की मारक क्षमता को और बढ़ाया। सेना के पास अब भारत में बने टैंक, मिसाइल और हैंड ग्रेनेड हैं, जो 'आत्मनिर्भर भारत' के नारे को चार चाँद लगा रहे हैं। सुरक्षा के लिए साजो-सामान का इंतजाम करने के साथ-साथ मोदी सरकार ने चीन से लगी 4,000 किमी. लंबी सीमा पर इन्फ्रास्ट्रक्चर पर जोर दिया और सभी सीमाओं पर सड़क से लेकर रेल व वायु मार्ग के रास्ते जल्दी-से-जल्दी पहुँचने का रास्ता भी बनाने पर जोर दिया।

नतीजा सामने है—अगर चीन आँखें तरेरता है तो भारत की सेना उसकी आँखों में आँखें डालकर बात करती है, वहीं दूसरी ओर पाकिस्तान की बोलती बंद है। आलम यह है कि पहले जहाँ सीमा पार से हुई गोलीबारी का जवाब देने के लिए दिल्ली से पूछना पड़ता था, अब सीमा पर मौजूद कमांडर को खुद ही निर्णय लेने का अधिकार मिल गया है। प्रधानमंत्री मोदी ने 'बेटी बचाओ-बेटी पढ़ाओ' का नारा बुलंद करते-करते सेना में भी महिलाओं को कॉम्बेट में शामिल करने, वायुसेना में पायलट बनने और एन.डी.ए. में महिलाओं के दाखिले की प्रक्रिया में सुधार पर जोर दिया।

जब गलवान घाटी में चीन ने धोखा दिया तो उसका भी मुँहतोड़ जवाब सेना ने दिया। चीन को पीछे हटना पड़ा और मानना पड़ा कि उसके सैनिकों

की मौत हुई है। प्रधानमंत्री मोदी ने खुद उस सीमा पर जाकर सैनिकों से मुलाकात की और आश्वासन दिया कि सरकार पूरी तरह से उनके साथ है। चीन की सीमा पर सैनिकों को मिलनेवाली सुविधाओं में इजाफा किया गया, ताकि सर्दी के मौसम में हमारे जवानों को कोई कठिनाई नहीं आए। यह प्रधानमंत्री मोदी का नया भारत था, जो अपनी जमीन पर दखल बरदाश्त नहीं कर सकता।

□

17

बचाव कार्य में अग्रणी सेना

"आज के दौर में सीमाओं पर लड़े जानेवाले युद्ध लगभग थम गए हैं; लेकिन छद्म युद्ध के माध्यम से निर्दोष नागरिकों की हत्या का सिलसिला बेरोक-टोक जारी है। छद्म युद्ध सिर्फ भारत में ही नहीं, बल्कि पूरी दुनिया को अपनी चपेट में ले चुका है। इसलिए दुनिया में जितनी सैन्य शक्ति की आवश्यकता है, उतनी ही इस खतरे के खिलाफ मानवीय ताकतों के एक साथ आने की आवश्यकता है।"

—नरेंद्र मोदी

प्रधानमंत्री मोदी के शासन काल में सेना का एक और रूप आम भारतीयों के सामने आया। यह रूप था—रक्षक का। 'ऑपरेशन गंगा' के तहत भारतीय वायुसेना ने 2,457 भारतीय नागरिकों को रूसी हमला झेल रहे यूक्रेन से बाहर निकाला। सी-17 एयरक्राफ्ट ने इसके लिए 17 बार उड़ान भरी। वर्ष 2021 में अफगानिस्तान से भारतीय वायुसेना 579 भारतीय नागरिकों को सफलतापूर्वक निकालकर लाई। 'ऑपरेशन मैत्री' के तहत वायुसेना ने वर्ष 2015 में नेपाल में भूकंप से हुई भारी तबाही के बाद वहाँ न सिर्फ राहत पहुँचाई, बल्कि वहाँ फँसे लोगों को बाहर भी निकाला। वायुसेना के कई हेलीकॉप्टरों ने 1,638 उड़ानें भरीं और लगभग 6,000 लोगों को सुरक्षित निकाला।

ऑपरेशन राहत

हूथी विद्रोहियों के खिलाफ जब सऊदी अरब के नेतृत्ववाले सैन्य अभियान का आरंभ हुआ तो कई देश अपने नागरिकों को देश से निकालने लगे।

भारत ने वर्ष 2015 में यमन में किसी भी देश की सबसे बड़ी हवाई निकासी की। इसे 'ऑपरेशन राहत' नाम दिया गया। 'ऑपरेशन राहत' सऊदी अरब और उस देश में उसके सहयोगियों द्वारा वर्ष 2015 के सैन्य हस्तक्षेप के दौरान यमन से भारतीय नागरिकों को निकालने के लिए दिया गया नाम था। बमबारी, गोलाबारी और गोलीबारी ने तेल समृद्ध देश के सभी इलाकों में भारी तबाही मचाई; लेकिन मोदी सरकार फँसे हुए भारतीयों को बचाने में कामयाब रही और हताहतों की संख्या को एक सीमा तक सीमित कर दिया।

कुल निकाले गए—5,600, निकालनेवालों में भारतीय—4,640, निकाले गए लोगों में विदेशी नागरिक—960; वे देश, जिनके नागरिकों को बचाया गया—41 कुल। बचाए गए लोगों में 6 दिन की एक बच्ची भी थी।

साथ ही, 23 देशों ने यमन से अपने नागरिकों को निकालने में भारतीय सहायता का अनुरोध किया। देशों की सूची में बँगलादेश, क्यूबा, चेक गणराज्य, जिबूती, मिस्र, फ्रांस, जर्मनी, हंगरी, इराक, इंडोनेशिया, आयरलैंड, लेबनान, मलेशिया, नेपाल, फिलीपींस, रोमानिया, स्लोवेनिया, श्रीलंका, सिंगापुर, स्वीडन, तुर्की, अमेरिका और यमन शामिल रहे।

भारतीय प्रधानमंत्री नरेंद्र मोदी ने भारत के अंतरराष्ट्रीय बचाव प्रयासों के लिए अपना समर्थन व्यक्त किया, "मुझे भी खुशी है कि भारत ने यमन से कई गैर-भारतीय नागरिकों को बचाया है। यमन में हमारे निकासी प्रयास हमारे लोगों की सेवा करने की इच्छा और संकट में दूसरों की मदद करने की तत्परता को दरशाते हैं, जो भारत का लोकाचार है।"

यमन में 'ऑपरेशन डिसीसिव स्टॉर्म' शुरू होने के बाद प्रधानमंत्री मोदी सऊदी अरब के किंग सलमान के सीधे संपर्क में रहे। निकासी कार्यों के लिए यमनी हवाई अड्डों तक अपने विमानों की सुरक्षित पहुँच हासिल

करने के लिए भारत को सऊदी अरब के साथ बड़े पैमाने पर बातचीत करनी पड़ी।

भारत ने यमन में अपने बड़े पैमाने पर निकासी अभियान में सहायता के लिए कई सैन्य एवं नागरिक संपत्तियों को तैनात किया। नौसैनिक मोरचे पर आई.एन.एस. 'विध्वंसक', आई.एन.एस. 'तरकश' और आई.एन.एस. 'सुमित्रा' उस निकासी अभियान में शामिल थे। भारतीय नौवहन निगम ने अतिरिक्त रूप से दो परिवहन जहाजों 'कवरत्ती' व 'कोरल' को इस प्रयास में जोड़ा। हवा में एयर इंडिया की तीन उड़ानों के अलावा भारतीय वायुसेना ने निकासी के प्रयास में सहायता के लिए अपने दो सी–17 ग्लोबमास्टर्स को तैनात किया।

ऑपरेशन की प्रभावशीलता असाधारण थी। भारतीय सेना के जनरल से राजनेता बने विदेश मंत्रालय में राज्यमंत्री जनरल वी.के. सिंह ने पूरे ऑपरेशन की निगरानी की और जमीन से नेतृत्व किया।

ऑपरेशन गंगा

इस साल फरवरी 2022 में यूक्रेन पर रूस के आक्रमण के बाद भारत द्वारा शुरू किए गए निकासी मिशन 'ऑपरेशन गंगा' के तहत 90 उड़ानों पर लगभग 20,000 नागरिकों, ज्यादातर छात्रों, को वापस लाया गया। इसके लिए मोदी सरकार ने यह सुनिश्चित किया कि प्रत्येक व्यक्ति सकुशल घर वापस आ जाए। देर रात की बैठकों से लेकर कैबिनेट मंत्रियों को पड़ोसी देशों से संचालन की निगरानी के लिए भेजने तक सरकार ने यह सब किया।

कोविड के खिलाफ जंग

जब कोरोना की पहली लहर आई तो वायुसेना एवं भारतीय नौसेना ने चीन और दूसरे देशों से लगभग 4,200 भारतीयों को बाहर निकाला। सेना की मेडिकल कोर ने देश भर के अपने स्वास्थ्य केंद्र और सुविधाएँ क्वारंटाइन के लिए खोल दीं। डी.आर.डी.ओ. जैसे विभागों ने वेंटिलेटर, सैनिटाइजर, मास्क एवं दूसरी बचाववाली चीजों का उत्पादन शुरू किया और तमाम संगठनों तक

पहुँचाते भी रहे। डी.आर.डी.ओ. ने तो कोविड केयर सुविधाएँ कई राज्यों में बनाईं।

कोरोना की दूसरी लहर के दौरान वायुसेना और नौसेना ने ऑक्सीजन के कंटेनर और दूसरे चिकित्सा उपकरण व सुविधाएँ देश के विभिन्न हिस्सों में पहुँचाए और साथ ही विदेशों से माँग आई तो वह भी पूरी की। डी.आर.डी.ओ. ने युद्ध स्तर पर देश भर में 1,200 ऑक्सीजन प्लांट बना दिए। डी.आर.डी.ओ. ने इस दौरान एंटी-कोविड ड्रग भी विकसित कर लिया। एन.सी.सी. कैडेट्स को प्रशासनिक सेवा को मदद करने में लगाया गया। सेना के तीनों अंगों ने अपने सभी लोगों का सफलतापूर्वक टीकाकरण भी करवा दिया।

□

18

एन.सी.सी. को शुभकामनाएँ

"विकास की पूर्व शर्त शांति, सुरक्षा, भाईचारा एवं सद्भावना है। हमारी सेना भाईचारे की मिसाल है—भाषा व धर्म के आधार पर यहाँ कोई भेद नहीं है और एक परिवार की भावना है।"

—नरेंद्र मोदी

एन.सी.सी. के कैडेट्स ने लोकतंत्र के प्रति अपनी श्रद्धा, भारत की एकता के प्रति हमारी प्रतिबद्धता, विविधता में एकता के सामर्थ्य की अनुभूति देश व दुनिया ने आपके माध्यम से महसूस की है।

एन.सी.सी. के कैडेट के रूप में सिर्फ यूनिफॉर्म नहीं होती है, सिर्फ परेड नहीं होती, सिर्फ कैंप नहीं होते हैं; एन.सी.सी. के माध्यम से एक सेंस ऑफ मिशन का बीजारोपण होता है। हमारे भीतर एक जीवन जीने का मकसद उसके संस्कार का, और वह भी सामूहिक संस्कार का, यह कालखंड होता है।

एन.सी.सी. के कारण अपनी शिक्षा-दीक्षा के अलावा भारत की विविधता के, भारत की अंतर-ऊर्जा के, भारत के विराट् सामर्थ्य के हमें दर्शन होते हैं। दुनिया के लोगों को आश्चर्य होता है कि यह कैसा देश है, जहाँ 1,500 से ज्यादा बोलियाँ हों, 100 से ज्यादा भाषाएँ हों, हर 20 कोस के बाद बोली बदलती हो, वेशभूषा अलग हो, खान-पान अलग हो, उसके बावजूद एकता के सूत्र से बँधे हुए रहते हैं और चोट हिमालय में आए तो

आँसू कन्याकुमारी में टपक आते हैं। यह भाव, राष्ट्रीय एकात्मकता का भाव। भारत के किसी भी कोने में अच्छा हो तो देशवासी खुशी से फूला नहीं समाता और भारत के किसी भी कोने में या भारतीय के द्वारा कहीं पर भी कुछ गलत हो जाए तो हमें उतनी ही पीड़ा होती है, जैसे हमारे सामने कोई घटना घटी हो।

देश के किसी भी कोने में प्राकृतिक आपदा आई हो, देश ने एकता के रूप में उस संवेदना को साझा किया है, दर्द बाँटने का प्रयास किया है। देश के सामने कोई चुनौती आई हो तो सवा सौ करोड़ देशवासियों ने उस चुनौती को अपना माना है, अपने पुरुषार्थ और पराक्रम से उसे परिपूर्ण करने का भरसक प्रयास किया है।

यह हमारे देश की अपनी ताकत है। कोई देश राजा-महाराजाओं से नहीं बनते हैं। देश शासकों से नहीं बनते हैं। देश सरकारों से नहीं बनते हैं। देश बनते हैं सामान्य नागरिकों से, शिक्षकों से, किसानों से, मजदूरों से, वैज्ञानिकों से, ज्ञानियों से, आचार्यों से, भगवंतों से। एक अखंड तपस्या होती है, जो राष्ट्र का यह विराट् रूप अर्जित करती है और हम भाग्यवान् लोग हैं कि हजारों वर्षों की इस महान् विरासत के हम भी एक जीवंत अंश हैं और हमारे जिम्मे भी उसमें कुछ-न-कुछ जोड़ने का दायित्व आया है।

उस दायित्व को निभाने के लिए जो संस्कार चाहिए, जो प्रशिक्षण चाहिए, जो अनुभव चाहिए, वह एन.सी.सी. के माध्यम से हमें प्राप्त हुआ है। मेरा भी सौभाग्य रहा है। बचपन में एन.सी.सी. के कैडेट के रूप में यह सेंस ऑफ मिशन, यह अनुभूति इसकी समझ विकसित हुई।

मैं आप जैसा होनहार नहीं था, उतना तेजस्वी कैडेट नहीं था और इसलिए दिल्ली की परेड में कभी मेरा चयन नहीं हुआ। लेकिन आपको देखकर मुझे गर्व होता है कि बचपन में मेरे पास जो शक्ति थी, अनुभूति थी, अनुभव था, उससे आप कई गुना आगे हो। यह देखकर मुझे और खुशी होती है। इसलिए, यह भी भरोसा होता है कि आप में आगे जाने का सामर्थ्य भी मुझसे कई गुना ज्यादा है। इस युवा शक्ति में देश को आगे ले जाने का सामर्थ्य मुझसे भी कई

गुना ज्यादा है, और तब जाकर देश के उज्ज्वल भविष्य के लिए आश्वस्त हो जाते हैं, निश्चिंत हो जाते हैं।

एन.सी.सी. ने, उसके कैडेट्स ने स्वच्छता के अभियान को अपना बना लिया। देश में जहाँ भी जाने का अवसर मिला, एन.सी.सी. के द्वारा योजनापूर्वक स्वच्छता के अभियान को चलाया गया है। जिस संगठन के पास 13 लाख से ज्यादा कैडेट्स हों, वे कैडेट्स स्वयं संगठित रूप में स्वच्छता का अभियान चलाकर औरों को प्रेरणा देते हैं।

लेकिन एक नागरिक के रूप में, स्वयं के जीवन में, अपने परिवार के जीवन में, अपने आसपास के परिसर में, अपने दोस्तों में, दोस्तों के परिवारों में; स्वच्छता, यह स्वभाव बने, उसमें प्रेरक के रूप में एन.सी.सी. का हर कैडेट काम कर सकता है।

एन.सी.सी. की व्यवस्था के तहत स्वच्छता एक प्रेरक है; लेकिन एक कैडेट नागरिक के रूप में समाज में स्वच्छता को स्वभाव बनाने के लिए भारत का स्वच्छता एक चरित्र बन जाए। एन.सी.सी. के कैडेट्स इतनी बड़ी तादाद में हैं और देश के हर कोने-कोने में फैले हुए नौजवान हैं, ऊर्जा है, उमंग है, उत्साह है, प्रशिक्षण है; वे तो शायद सबसे बड़ी ताकत के रूप में इस स्वच्छता के आंदोलन को आगे बढ़ा सकते हैं।

इन दिनों लोग डिजिटल करेंसी की ओर कैसे जाएँ, उसका एक अभियान चल रहा है। एन.सी.सी. के कैडेट्स ने उसको आगे बढ़ाया है। नोट, नोटों की छपाई, छपाई करने के बाद नोटों को गाँव-गाँव पहुँचाना—अरबों रुपयों का खर्च होता है। एक-एक ए.टी.एम. को सँभालने के लिए पाँच-पाँच पुलिसवाले लगते हैं। अगर हम डिजिटल की ओर चले जाएँ तो देश के कितने पैसे बचा सकते हैं और वे पैसे गरीब को घर देने के, गरीब को शिक्षा देने के, गरीब को दवाई देने के, गरीब के बच्चों को अच्छे संस्कार देने के काम में आ सकते हैं। हमारी जेब से कुछ भी दिए बिना, खुद की पॉकेट से कोई अलग खर्चा किए बिना अगर हम देश में डिजिटल पेमेंट की आदत डाल दें।

एन.सी.सी. के कैडेट्स देशभक्ति की भावना से भरे हुए होते हैं। अनुशासन इनकी विशेषता होती है; मिलकर काम करना इनका स्वभाव होता है; कदम-से-कदम मिलाकर चलना, कंधे-से-कंधा मिलाकर चलना, लेकिन साथ-साथ मिलकर सोचना, सोचकर चलना, चलकर पाना—ये एन.सी.सी. की विशेषताएँ होती हैं। इसलिए आज जब विश्व आतंकवाद की चुनौती को झेल रहा है, तब हमारी युवा पीढ़ी में समाज के प्रति, देश के प्रति अपनेपन का भाव निरंतर जगाते रहना पड़ता है।

हमारे यहाँ कहावत है—'राष्ट्रं जाग्रयां व्यम्'। निरंतर जागरूक। इसके लिए चौकन्ना रहना होता है। हमारे आसपास का कोई नौजवान कहीं गलत रास्ते पर तो नहीं चल पड़ रहा है, उसको रोकना होगा। जीवन में कोई ऐसी बुराइयाँ तो नहीं आ रही हैं, जो उसको तो तबाह करें, उसके पूरे परिवार को तबाह करें और समाज के लिए वह बोझ बन जाएगा। अगर हम जागरूक होंगे तो अपने अगल-बगल के परिसर को, अपने साथियों को—भले वे एन.सी.सी. में हों या न हों—हम उसे भी, जिस सेंस ऑफ मिशन को हमने पाया है, जिस जीवन के मकसद को हमने जाना है, उसको भी उसका प्रसार प्राप्त हो सकता है और वह भी हमारी राह पर चल सकता है।

आप सबको हृदय से मेरी बहुत-बहुत शुभकामनाएँ। आज विजयी हुए कैडेट्स को भी मैं हृदय से बहुत-बहुत बधाई देता हूँ, अभिनंदन करता हूँ। एन.सी.सी. को बहुत-बहुत शुभकामनाएँ देता हूँ। बहुत-बहुत धन्यवाद।

□

19

सेना में नारी शक्ति

“हाल ही में आपने और देशवासियों ने जो बहादुरी दिखाई है, उसने दुनिया को भारत की ताकत का संदेश दिया है। मैं अपने सामने महिला सैनिकों को देख रहा हूँ—युद्ध के मैदान में, सीमा पर। यह दृश्य प्रेरणादायी है।”

—नरेंद्र मोदी

मोदी सरकार के दौरान पिछले कुछ वर्षों में भारतीय सशस्त्र बलों में महिलाओं की संख्या में लगभग तीन गुना की वृद्धि हुई है। अब वे केवल चिकित्सा क्षेत्र में नहीं हैं; वे अब न केवल एक सैनिक के रूप में, बल्कि एक लड़ाकू पायलट और सेना में कमांड पोस्टिंग के रूप में भी सेना में शामिल हो रही हैं।

हाल के दिनों में भारतीय सशस्त्र बलों में महिलाओं के प्रवेश को लेकर काफी चर्चा हुई है। संयुक्त राज्य अमेरिका, ब्रिटेन, जर्मनी और कनाडा जैसे विकसित देशों के विपरीत भारत ने महिलाओं को सामान्य नर्सिंग या चिकित्सा भूमिकाओं के अलावा अन्य क्षेत्रों में जाने के लिए अधिक समय लिया है।

अमेरिका ने सशस्त्र बलों में महिलाओं को शामिल करने में एक प्रमुख भूमिका निभाई। आज इसकी सक्रिय ड्यूटी में 2,00,000 से अधिक महिलाएँ

हैं; इसका अर्थ है—अमेरिकी सशस्त्र बल की बेंच स्ट्रेंथ का लगभग 20 प्रतिशत।

इजराइल की सेना में भी महिलाएँ हैं; हालाँकि, युद्धक भूमिकाओं में नहीं, बल्कि तकनीकी व प्रशासनिक पदों पर। पुरुष-प्रधान क्षेत्र में इन युवा भारतीय महिलाओं ने आगे बढ़कर सरहदी दीवार को तोड़ने में कामयाबी हासिल की और आज की तारीख में लगभग 9,118 महिलाएँ सक्रिय कर्तव्यों पर हैं, जो भारतीय सेना, वायुसेना और नौसेना में सेवारत हैं। सरकार ने मिलिटरी पुलिस कोर में 1,700 महिलाओं को जवानों के रूप में शामिल करने की मंजूरी दी है।

भारतीय वायुसेना (आई.ए.एफ.) में पहली महिला लड़ाकू पायलटों ने मोदी सरकार के दौरान वर्ष 2016 में मिग-21 उड़ाना शुरू किया। वायुसेना की महिला लड़ाकू पायलटों के मुताबिक, कोई लिंग पूर्वग्रह नहीं है; जिन कठिनाइयों का सामना करना पड़ता है, वे पुरुष पायलटों के लिए भी समान होती हैं।

सेना में 557 महिला अफसरों को स्थायी कमीशन मिला। सेना की मिलिटरी पुलिस कोर में पहली बार 83 महिला जवानों की नियुक्ति हुई। 5 महिला अधिकारियों को कर्नल रैंक पर पदोन्नति मिली। कैप्टन अभिलाषा बराक पहली महिला कॉम्बैट एविएटर बनीं और कैप्टन भावना कस्तूरी ने तो वर्ष 2019 के गणतंत्र दिवस परेड में आर्मी सर्विस कोर को परेड में लीड करके इतिहास के पन्नों में अपना नाम दर्ज करवा लिया। एन.डी.ए. के दरवाजे भी मोदी सरकार ने महिलाओं की भरती के लिए खोल दिए।

साथ ही, देश भर के सैनिक स्कूलों को लड़कियों के दाखिले के लिए खोला गया। महिलाओं के लिए अब तक अभेद्य माने जानेवाले फाइटर पायलट्स की श्रेणी में भी महिलाएँ कदम रख चुकी हैं। पहली तीन महिला फाइटर पायलट्स को कमीशन कर लिया गया। फ्लाइट लेफ्टिनेंट शिवांगी सिंह तो लड़ाकू विमान 'राफेल' की पहली महिला पायलट बन गईं और वायुसेना में महिलाओं की ताकत वर्ष 2022 के गणतंत्र दिवस पर वायुसेना की झाँकी पर नजर आईं, जब वे उस झाँकी से सलामी देते हुए गुजरीं।

जैसाकि पहले बताया गया है कि भारत के सर्वोच्च न्यायालय ने एक ऐतिहासिक फैसले में केंद्र को उन तीनों सेवाओं में महिला अधिकारियों को स्थायी कमीशन देने का आदेश दिया था, जहाँ महिलाएँ कमीशन के लिए पात्र हैं।

जुलाई 2020 में, सरकार के आदेश के अनुसार, महिला अधिकारियों को स्थायी कमीशन का अनुदान दस धाराओं में दिया गया, जो राष्ट्रीय सुर्खियाँ बनीं—आर्मी एयर डिफेंस, सिग्नल, इंजीनियर्स, आर्मी एविएशन, इलेक्ट्रॉनिक्स व मेकैनिकल इंजीनियर्स, सेना सेवा कोर (ए.एस.सी.), सेना आयुध कोर (ए.ओ.सी.) और खुफिया कोर में।

वर्ष 2020 से सेना में तैनात महिलाओं की संख्या में उल्लेखनीय वृद्धि हुई। सेना शिक्षा कोर में महिला अधिकारियों के अलावा उन्हें अब भारतीय सेना में कमांड पदों के लिए भी जाना जा सकता है।

फरवरी 2021 में राज्यसभा में सरकार द्वारा प्रदान किए गए विवरण ने संकेत दिया कि भारतीय नौसेना में तीनों सेवाओं में से 6.5 प्रतिशत पर अपने कर्मचारियों की संख्या सबसे अधिक है और सेना एवं भारतीय वायुसेना में महिलाओं का प्रतिशत क्रमश: 0.56 और 1.08 है।

वर्ष 2020 तक महिलाओं को इन्फेंट्री, मेकैनाइज्ड इन्फेंट्री, आर्म्ड कोर और आर्टिलरी जैसी लड़ाकू इकाइयों में सेवा करने की अनुमति नहीं थी; लेकिन 17 फरवरी, 2020 को भारत के सर्वोच्च न्यायालय ने कहा कि भारतीय सेना में महिला अधिकारी पुरुष अधिकारियों के बराबर कमांड पद प्राप्त कर सकती हैं।

अदालत ने कहा कि इसके खिलाफ सरकार की दलीलें भेदभावपूर्ण, परेशान करनेवाली और रूढ़िवादिता पर आधारित हैं। अदालत ने यह भी कहा कि सेवा के वर्षों की परवाह किए बिना सभी महिलाओं को स्थायी कमीशन उपलब्ध होना चाहिए और यह आदेश तीन महीने में लागू होना चाहिए। सरकार ने पहले कहा था कि सैनिक महिलाओं को कमांडिंग ऑफिसर के रूप में स्वीकार नहीं करेंगे। नतीजतन, आठ और शाखाओं

ने महिलाओं को कमीशन अधिकारियों के रूप में शामिल करना शुरू कर दिया।

भारतीय वायुसेना युद्ध और सहायक भूमिकाओं सहित सभी भूमिकाओं में महिलाओं को शामिल करती है। सितंबर 2020 तक भारतीय वायुसेना में 1,875 महिला अधिकारी कार्यरत थीं, जिनमें 10 पायलट और 18 नाविक शामिल थीं।

वर्ष 2015 में भारतीय वायुसेना ने लड़ाकू पायलटों के रूप में महिलाओं के लिए नई लड़ाकू वायुसेना की भूमिकाएँ खोलीं। भारतीय वायुसेना में हेलीकॉप्टर पायलट के रूप में उनकी भूमिका को जोड़ा गया।

22 मई, 2019 को भावना कंठ लड़ाकू मिशन करने के लिए अर्हता प्राप्त करनेवाली पहली महिला फाइटर पायलट बनीं। अवनि चतुर्वेदी, मोहना सिंह जीतरवाल और भावना कंठ पहली 4 महिला फाइटर पायलट हैं।

विंग कमांडर शालिजा धामी भारतीय वायुसेना में स्थायी कमीशन पानेवाली पहली महिला अधिकारी बनीं। स्क्वाड्रन लीडर मिंटी अग्रवाल युद्ध सेवा पदक प्राप्त करनेवाली पहली महिला बनीं।

महिलाएँ भारतीय तटरक्षक बल में अधिकारी रैंक में सामान्य ड्यूटी, पायलट या कानून अधिकारी के रूप में शामिल हो सकती हैं। जनवरी 2017 में भारतीय तटरक्षक बल 4 महिला अधिकारियों—सहायक कमांडेंट अनुराधा शुक्ला, स्नेहा कथयात, शिरीन चंद्रन और वसुंधरा चौकसी को तैनात करनेवाला पहला बल बन गया, जो कि के.वी. कुबेर हॉवरक्राफ्ट पर पाकिस्तान व बँगलादेश की सीमा से लगे भारतीय समुद्री क्षेत्र में गश्त कर रहे थे।

अप्रैल 2016 में असम राइफल्स ने 100 महिला सैनिकों के पहले बैच को शामिल किया, जिन्होंने साल भर के प्रशिक्षण कार्यक्रम में भाग लिया था और नागालैंड के चुमौकेदिमा जिले के शोखुवी में असम राइफल्स ट्रेनिंग सेंटर एवं स्कूल में पासिंग-आउट परेड में स्नातक किया था। उन्हें महिलाओं की तलाशी एवं पूछताछ, भीड़ नियंत्रण और महिला आंदोलनकारियों को तितर-बितर करने के लिए घेरा व तलाशी अभियान, मोबाइल चेक पोस्ट और विभिन्न बटालियनों में सड़क खोलने के कार्यों में तैनात किया गया है।

अगस्त 2020 में असम राइफल्स की लगभग 30 महिला जवानों को पहली बार एल.ओ.सी. पर तैनात किया गया। उनका नेतृत्व आर्मी सर्विस कोर की कैप्टन गुरसिमरन कौर करती हैं।

मार्च 2016 में मोदी सरकार ने सभी पाँच केंद्रीय सशस्त्र पुलिस बलों, अर्थात् केंद्रीय रिजर्व पुलिस बल (सी.आर.पी.एफ.), सीमा सुरक्षा बल (बी.एस.एफ.), भारत-तिब्बत सीमा पुलिस (आई.टी.बी.पी.), सशस्त्र सीमा बल (एस.एस.बी.) में महिला अधिकारियों को सीधे प्रवेश की अनुमति दी और केंद्रीय औद्योगिक सुरक्षा बल सीधी भरती के माध्यम से जूनियर रैंक में महिलाओं को सीधे प्रवेश की अनुमति देते हैं और साथ ही संघ लोक सेवा आयोग के माध्यम से पर्यवेक्षी लड़ाकू भूमिकाओं में महिला अधिकारियों को भी प्रवेश की अनुमति देते हैं। मार्च 2016 में गृहमंत्री राजनाथ सिंह ने घोषणा की कि महिलाओं को सी.आर.पी.एफ. एवं सी.आई.एस.एफ. में 33 प्रतिशत कॉन्स्टेबल रैंक के कर्मियों और सीमा सुरक्षा बलों—बी.एस.एफ., एस.एस.बी. एवं आई.टी.बी.पी. में 15 प्रतिशत शामिल किया जाएगा।

भारत-तिब्बत सीमा पुलिस ने वर्ष 2016 में महिला अधिकारियों को पर्यवेक्षी युद्ध भूमिकाओं में सेवा अनुमति दी। आई.टी.बी.पी. के 80,000 कर्मियों में से लगभग 1.75 प्रतिशत (1,500) महिलाएँ हैं, जो ज्यादातर कॉन्स्टेबल के पद पर हैं।

महिलाएँ राष्ट्रीय सुरक्षा गार्ड (एन.एस.जी.), विशेष सुरक्षा समूह (एस.पी.जी.), रेलवे सुरक्षा बल (आर.पी.एफ.), राष्ट्रीय आपदा प्रतिक्रिया बल (एन.डी.आर.एफ.) और सीमा सड़क संगठन (बी.आर.ओ.) में भी काम करती हैं।

वर्ष 2015 में सरकार ने घोषणा की कि महिला एन.एस.जी. ब्लैक कैट कमांडोज, जो अपने पुरुष समकक्ष के समान प्रशिक्षण से गुजरती हैं, उन्हें आतंकवाद-विरोधी अभियानों में तैनात किया जाएगा, क्योंकि वे वी.आई.पी. सुरक्षा कर्तव्यों का भी पालन करते हैं।

विशेष सुरक्षा समूह (एस.पी.जी.) ने वर्ष 2013 में महिला कमांडोज को शामिल किया और तत्कालीन प्रधानमंत्री मनमोहन सिंह की पत्नी गुरशरण कौर महिला कमांडोज रखनेवाली पहली एस.पी.जी. सुरक्षा प्राप्त हुईं।

रेलवे सुरक्षा बल की महिला इकाई 'शक्ति' दस्ता है। वर्ष 2015 में 25 वर्षीया देबश्मिता चट्टोपाध्याय आर.पी.एफ. में पहली महिला सहायक सुरक्षा आयुक्त (ए.एस.सी.) बनीं, जिन्होंने आर.पी.एफ. महिला कॉन्स्टेबलों के 'शक्ति' दस्ते का कार्यभार सँभाला।

राष्ट्रीय आपदा प्रतिक्रिया बल (एन.डी.आर.एफ.) को वर्ष 2015 में अपनी पहली महिला कमांडर मिली, जब 40 वर्षीया वरिष्ठ कमांडेंट रेखा नांबियार तमिलनाडु के अरक्कोणम में स्थित चौथी बटालियन में शामिल हुईं और 1,000 कर्मियों—सभी पुरुष—की बटालियन का नेतृत्व किया।

जून 2021 में वैशाली हिवासे भारत-चीन सीमा सड़कों के एक बी.आर.ओ. रोड कंस्ट्रक्शन कंपनी के हिस्से की कमान सँभालनेवाली पहली महिला कमांडिंग ऑफिसर बनीं।

□

20

म्याँमार में सीमा पार अभियान

"हमारे सैनिक माँ भारती के सुरक्षा कवच हैं। आप सभी की वजह से ही हमारे देश के लोग चैन की नींद सो पाते हैं और त्योहारों में खुशी का ठिकाना नहीं रहता।"

—नरेंद्र मोदी

दो दशकों में सबसे भीषण हमले में 6 डोगरा रेजिमेंट के काफिले पर आतंकवादियों द्वारा घात लगाकर किए गए हमले में 4 जून, 2015 को मणिपुर में भारतीय सेना के 18 जवान शहीद हो गए। इसके बाद जो हुआ, वह बहुत असाधारण—एक उच्च स्तरीय थ्रिलर की पटकथा हो सकती है।

सेना ने पलटवार करते हुए अपने सैनिकों पर हमले के लिए जिम्मेदार कम-से-कम 15 विद्रोहियों को मार गिराया। सेना के विशेष बलों ने भारतीय क्षेत्र के बाहर म्याँमार के अंदर एक सर्जिकल स्ट्राइक की, जिसमें एन.एस.सी.एन.(के) (नेशनल सोशलिस्ट काउंसिल ऑफ नागालैंड) और के.वाई.के.एल. (कंगलेई यवोल कन्ना लुपो) के माने जानेवाले दो आतंकवादी समूहों पर करारा वार किया।

राष्ट्रीय सुरक्षा सलाहकार अजीत डोभाल, इंटेलिजेंस ब्यूरो के पूर्व निदेशक और उग्रवाद-विरोधी अभियानों के विशेषज्ञ प्रधानमंत्री नरेंद्र मोदी

के साथ उनकी बँगलादेश यात्रा पर थे। यात्रा के दौरान वे प्रधानमंत्री मोदी के आसपास कहीं नहीं मिले; क्योंकि वे मणिपुर में थे, जो खुफिया एजेंसियों के समन्वय कार्यों की देखरेख कर रहे थे।

परिणाम—सेना, वायुसेना और अन्य प्रमुख एजेंसियों ने म्याँमार में सीमा पार आतंकवादियों पर छापा मारने के लिए सबसे दुर्लभ अभियानों में से एक का समन्वय किया। लेकिन एक संप्रभु देश म्याँमार ने भारतीय सुरक्षा बलों को अपने क्षेत्र में अभियान चलाने की अनुमति कैसे दी?

कुछ दिनों पहले ही विदेश सचिव एस. जयशंकर ने म्याँमार का एक शांत दौरा किया, जिसका विवरण नहीं दिया गया। उनकी यात्रा शायद दो देशों के बीच लंबे सैन्य सहयोग के क्रम में थी और ऑपरेशन पर म्याँमार सरकार की चुप्पी इस बात का सबूत है कि एस. जयशंकर की यात्रा बेहद सफल रही।

दोनों देश लंबे समय से पूर्वोत्तर के उग्रवादियों के खिलाफ मिलकर काम कर रहे हैं। रिपोर्टों ने सुझाव दिया कि नई दिल्ली को म्याँमार के पश्चिमी सागिंग डिवीजन के घने जंगलों में सीमा पार 15–20 किलोमीटर की दूरी पर तीन विद्रोही शिविरों पर हमला करने के लिए विशेष बलों में उड़ान भरने की योजना के लिए म्याँमार सरकार से सहमति मिली। भारतीय दूतावास में डिफेंस अटैची कर्नल गौरव शर्मा ने राजदूत गौतम मुखोपाध्याय को उच्च स्तरीय मंजूरी मिलने के बाद म्याँमार सेना के साथ ऑपरेशन का विवरण साझा किया।

ऑपरेशन विभिन्न एजेंसियों और सरकार के मंत्रालयों के बीच सहयोग का प्रमाण था। इस बीच सेना पर हमले ने अब यह सवाल फिर खड़ा कर दिया है कि क्या असम राइफल्स की जगह भारत-म्याँमार सीमा की सुरक्षा की जिम्मेदारी बी.एस.एफ. को दी जानी चाहिए? असम राइफल्स की सीमा की सुरक्षा करने की क्षमता पर लंबे समय से सवाल उठ रहे हैं, क्योंकि यह सीमा से बहुत दूर स्थित ठिकानों से संचालित होती है।

राष्ट्रीय सुरक्षा सलाहकार अजीत डोभाल ने हाल ही में कहा था कि सीमा की सुरक्षा के लिए बी.एस.एफ. को तैनात करने का निर्णय पिछले साल

लिया गया था; लेकिन अब 'पूर्व की ओर देखो' नीति के आलोक में इसकी समीक्षा की जा रही है।

नवीनतम खुफिया सूचनाओं के आलोक में एन.एस.सी.एन. (के) वस्तुतः सीमा के पास म्याँमार के ठिकानों से बाहर काम कर रहा है और उसे चीन का मौन समर्थन प्राप्त है। इस कदम को अब बहुत अधिक बढ़ावा मिल रहा है। एन.एस.सी.एन. (के) के अधिकांश कैडर म्याँमार से संबंधित नागा हैं। पी.एल.ए. का एक पूर्व सैनिक सीमा के पास हथियारों की फैक्टरी भी चला रहा है, जबकि कुछ चीनी अधिकारियों के खापलांग (जो एन.एस.सी.एन. का प्रमुख है) के लगातार संपर्क में होने की खबरें हैं।

केंद्रीय मंत्री राज्यवर्धन सिंह राठौर ने सेना के अभियान की सराहना करते हुए कहा था कि प्रधानमंत्री मोदी ने भारतीय सेना को म्याँमार में उग्रवादियों का पीछा करने के लिए आगे बढ़ाया था, जिसमें दो आतंकवादी शिविरों को पूरी तरह से नष्ट कर दिया गया।

इन उग्रवादियों की भारतीय सेना या अर्धसैनिक बलों या देश के नागरिकों पर हमला करने की आदत हो गई है और फिर ये सुरक्षित ठिकानों में भाग जाते हैं। इन्हें इस बात का भरोसा हो गया है कि भारतीय सशस्त्र बल उनका पीछा नहीं करेंगे। यह संदेश अब उन सभी के लिए बहुत स्पष्ट है, जिन्होंने हमारे देश में आतंक के इरादे को पनाह दी थी। हालाँकि, प्रधानमंत्री मोदी ने एक बहुत ही साहसिक कदम उठाया।

हालाँकि, नाराज मोदी सरकार 4 जून, 2015 को भारतीय सेना पर हुए कायरतापूर्ण हमले के 24 घंटे के भीतर म्याँमार में सीमा पार एक गुप्त छापेमारी चाहती थी, लेकिन सेना प्रमुख जनरल दलबीर सिंह सुहाग ने कहा कि ऑपरेशनल तैयारियों के लिए समय बहुत कम है और सलाह दी कि 72 घंटे के भीतर स्ट्राइक हो।

4 जून, 2015 की शाम को एक बैठक में दो विकल्प थे, जहाँ यह गहन चर्चा हुई—सुखोई और एमआईजी-29 का प्रयोग करके शिविरों पर एक चौतरफा हवाई बमबारी या 21 पैरा कमांडोज द्वारा जमीन पर हमला।

उच्च स्तरीय बैठक ने आखिरकार विशेष बलों द्वारा जमीनी अभियान पर फैसला किया, क्योंकि हवाई हमले से नागरिकों को संपार्श्विक क्षति हो सकती थी। शिविरों में महिलाएँ या बच्चे मौजूद थे। एक शीर्ष सरकारी अधिकारी ने कहा, "किसी भी संपार्श्विक क्षति की अंतरराष्ट्रीय निंदा हो सकती है।"

मणिपुर और नागालैंड से मिली जमीनी रिपोर्ट के आधार पर गृह मंत्रालय के अधिकारी विद्रोहियों के हताहत होने की संख्या 38 बता रहे हैं; जबकि सेना मृतकों की संख्या 20 के आसपास बता रही है। हालाँकि, अधिक नुकसान की उम्मीद थी, लेकिन शायद विद्रोहियों को आसन्न काररवाई की भनक लग गई थी और वे भाग गए। 9 जून, 2015 को सुबह 3 बजे शुरू किए गए ऑपरेशन की दिल्ली से सरकार के शीर्ष अधिकारियों द्वारा लाइव निगरानी की गई थी।

म्याँमार में विद्रोही शिविरों की मौजूदगी की पिन-पॉइंटेड खुफिया जानकारी उपलब्ध थी और शुरुआती इनपुट्स से पता चलता था कि हमलावर इन शिविरों में वापस चले गए थे। हालाँकि, जनरल सुहाग ने कहा कि सटीक हमले की रूपरेखा तैयार करने के लिए 72 घंटे के समय की जरूरत है। सरकारी सूत्रों ने बताया कि 5 जून, 2015 को जनरल दलबीर सुहाग एवं अजीत डोभाल स्ट्राइक क्षमता का आकलन करने के लिए मणिपुर गए और 8 जून, 2015 की सुबह स्ट्राइक शुरू करने की योजना बनाई गई। लेकिन 6-7 जुलाई, 2015 को प्रधानमंत्री मोदी के बँगलादेश जाने के बाद सुरक्षा प्रतिष्ठान ने मोदी की देश-वापसी की प्रतीक्षा करने का फैसला किया और ऑपरेशन में एक दिन की देरी कर दी, ताकि योजना को विस्तार से और व्यक्तिगत रूप से प्रधानमंत्री मोदी को समझाया जा सके। मोदी 7 जून, 2015 की रात को लौटे और डोभाल एवं जनरल सुहाग ने 8 जून, 2015 की सुबह उन्हें योजना के बारे में जानकारी दी। प्रधानमंत्री ने तुरंत हरी झंडी दे दी।

8 जून, 2015 की रात को आर्मी एविएशन विंग ने अपने उन्नत हलके

हेलीकॉप्टरों में कमांडोज को विद्रोही शिविरों से कुछ दूरी पर उतार दिया, ताकि वे हेलीकॉप्टरों की आवाज से सतर्क न हो जाएँ। इसके बाद सैनिक अंतिम हमले के लिए पैदल ही अंदर गए। विद्रोहियों को मारने के अलावा छापेमारी दलों द्वारा शिविरों में आतंकवादी बुनियादी ढाँचे को भी नष्ट कर दिया गया था।

□

21

डोकलाम विवाद का समाधान

"विस्तारवाद का युग समाप्त हो गया है। अब विकास का युग है। विकास की नीति ही मानव जाति की नींव है और यही एकमात्र नीति है, जो आज भी प्रासंगिक है। इतिहास गवाह है कि विस्तारवादी नीति ने मानवता को सबसे ज्यादा चोट पहुँचाई है। विस्तारवादी नीति ने हमेशा विश्व-शांति के लिए खतरा पैदा किया है। इतिहास गवाह है कि ऐसी ताकतें या तो हार गई हैं या उन्हें वापस लौटने के लिए मजबूर होना पड़ा है। दुनिया ने अब तक यही अनुभव किया है और इसने एक बार फिर विस्तार की नीति के खिलाफ अपना मन बना लिया है।"

—नरेंद्र मोदी

डोकलाम एक पठार है, जो भूटान के हा-घाटी, भारत के पूर्व सिक्किम जिले और चीन के यदोंग काउंटी के बीच में है। यह एक ट्राई-जंक्शन (तिराहा) है, जहाँ भारत, चीन और भूटान की सीमाएँ मिलती हैं। यह ट्राई-जंक्शन भारत के नाथु ला दर्रे से मात्र 15 किलोमीटर की दूरी पर है। डोकलाम को भूटान व चीन—दोनों अपना क्षेत्र मानते हैं। भारत डोकलाम को भूटान का हिस्सा मानता है।

डोकलाम विवाद क्या है, यह समझने के लिए चीन की मंशा को समझना

होगा। चीन एक विस्तारवादी देश है। इसी विस्तारवादी सोच के तहत चीन के लगभग सभी पड़ोसी देशों के साथ उसका विवाद चल रहा है। वर्ष 1988 और 1998 में चीन व भूटान के बीच समझौता हुआ था कि दोनों देश डोकलाम क्षेत्र में शांति बनाए रखने की दिशा में काम करेंगे। इस समझौते को दरकिनार करते हुए सन् 1988 के बाद से चीन भूटान के कुछ क्षेत्रों पर अतिक्रमण करता आ रहा है। लेकिन डोकलाम में अभी तक चीन की सेना (पीपल्स लिबरेशन आर्मी) की कोई स्थायी उपस्थिति नहीं थी। पहली बार, चीन ने डोकलाम से जूमली में भूटानी सैन्य शिविर की ओर एक सपाट सड़क का निर्माण शुरू किया। भूटान इस सड़क-निर्माण का सैन्य तरीके से विरोध करने में सक्षम नहीं है। हालाँकि, उसने चीनी पक्ष से जमीनी और राजनयिक चैनलों के माध्यम से कई बार विरोध जताया कि भूटानी क्षेत्र के अंदर सड़क का निर्माण पहले के समझौतों का उल्लंघन है।

वैसे, भारत का इस क्षेत्र पर कोई दावा नहीं है। दरअसल, इस क्षेत्र को लेकर चीन व भूटान के बीच विवाद है। भारत एवं भूटान के बीच वर्ष 1949 में एक संधि हुई थी, जिसमें तय हुआ था कि भारत अपने पड़ोसी देश भूटान की विदेश नीति और रक्षा मामलों का मार्गदर्शन करेगा। भारत एवं भूटान के बीच वर्ष 2007 में एक और सैन्य सहयोग पर एक समझौता हुआ था। इस समझौते के अनुच्छेद-2 में कहा गया है—'भूटान एवं भारत के बीच घनिष्ठ दोस्ती एवं सहयोग के संबंधों को ध्यान में रखते हुए भूटान और भारत सरकार अपने राष्ट्रीय हितों से संबंधित मुद्दों पर एक-दूसरे का सहयोग करेंगे।'

चुंबी घाटी में स्थित डोकलाम सामरिक दृष्टि से भारत व चीन के लिए काफी महत्त्वपूर्ण है। जैसाकि विदेश मंत्रालय के वक्तव्य में उल्लेख किया गया कि चीन के सड़क बनाने से इलाके की मौजूदा स्थिति में अहम बदलाव आएगा। भारत इसे वर्ष 2012 के एक आपसी समझौते का उल्लंघन मानता है। यह भारत की सुरक्षा के लिए गंभीर चिंता का विषय है। सड़क-निर्माण से चीन को भारत पर एक बड़ा सैन्य लाभ हासिल होगा। उसकी बड़ी वजह यह है कि अगर डोकलाम तक चीन की सुगम आवा-जाही हो गई तो भारत

को पूर्वोत्तर राज्यों से जोड़नेवाले 20 किलोमीटर चौड़े इलाके पर चीन की बढ़त हो जाएगी। भारतीय सेना की भाषा में इस इलाके को 'चिकन नेक' कहा जाता है। युद्ध की स्थिति में डोकलाम में कब्जा होने का लाभ चीन को मिलेगा, जिसकी जद में सिलीगुड़ी से लेकर उसके आसपास का इलाका आ जाएगा। अगर चीन डोकलाम में अपनी तोपें तैनात करता है तो उसकी जद में भारत का 'चिकन नेक' वाला इलाका आएगा, जिससे पूर्वोत्तर से शेष भारत के कटने का खतरा बना रहेगा।

वर्तमान में डोकलाम पर भारत और चीन के बीच गतिरोध की शुरुआत तब हुई, जब 18 जून, 2017 को करीब 300 भारतीय सैनिकों ने दो बुलडोजर्स के साथ डोकलाम में चीन की पीपुल्स लिबरेशन आर्मी (पी.एल.ए.) को सड़क बनाने से रोक दिया।

भूटान ने चीनी सेना के इस कदम को उसकी जमीन को चीन द्वारा हड़पे जाने के प्रयास के तौर पर देखा था और चीनी सैनिकों द्वारा खदेड़े गए भूटानी सैनिकों ने मदद के लिए भारतीय सेना को बुलाया था। भारत एवं भूटान के बीच रक्षा संबंधी समझौते के आधार पर भारत ने चीनी सेना को चुनौती दी थी।

27–28 जुलाई, 2017 को ब्रिक्स (BRICS) की बैठक के दौरान बीजिंग में राष्ट्रीय सुरक्षा सलाहकार अजीत डोभाल ने अपने चीनी समकक्ष यांग जिची से मुलाकात के दौरान डोकलाम पर चर्चा शुरू की।

चीनी राष्ट्रपति शी जिनपिंग और भारतीय प्रधानमंत्री मोदी ने फैसला किया था कि एन.एस.ए. डोभाल और उनके चीनी समकक्ष यांग जिची तनाव को कम करने के लिए बात करेंगे। एन.एस.ए. डोभाल एवं उनके समकक्ष ने हैम्बर्ग में मुलाकात की और लंबी बैठक की। विदेश सचिव एस. जयशंकर और बीजिंग में भारतीय राजदूत विजय गोखले ने इस मुद्दे को आगे बढ़ाया। बाद में, चीन डोकलाम इलाके में आगे सड़क नहीं बनाने और वहाँ से अपने सैनिकों को वापस बुलाने पर राजी हो गया।

भारतीय सैनिकों द्वारा चीनी सेना को विवादित क्षेत्र में सड़क बनाने से रोकने के बाद 16 जून, 2017 से डोकलाम में भारत व चीन के सैनिकों में

तीखा गतिरोध था। गतिरोध में भारतीय सेना के कड़े रुख ने चीन पर दबाव बनाने में भी मदद की, जिससे यह समझा गया कि भारत उसकी माँगों को स्वीकार किए बिना इतनी आसानी से पीछे नहीं हटेगा।

चीन अब इस क्षेत्र से अपने सैनिकों को पूरी तरह से हटाने पर सहमत हो गया। इसे असैन्य और सैन्य कूटनीति—दोनों समेत प्रधानमंत्री मोदी की राष्ट्रीय सुरक्षा टीम की बड़ी जीत बताया गया।

डोकलाम में गतिरोध के कारण दोनों देशों के बीच संबंध निचले स्तर पर आ गए थे। चीनी पक्ष ने पीछे हटने से इनकार कर दिया था। बीजिंग ने भारत पर अपने क्षेत्र में घुसपैठ करने का आरोप लगाया था और भारतीय सैनिकों की तत्काल वापसी की माँग की थी। चीनी पक्ष, विशेष रूप से राज्य मीडिया, तब से आक्रामक रहा है और कई अवसरों पर युद्ध की परोक्ष धमकी जारी करता है।

भारत ने यह सुनिश्चित किया है कि दोनों पक्षों को इस मुद्दे पर किसी भी बातचीत के लिए एक साथ पीछे हटना चाहिए और कहा कि युद्ध कोई समाधान नहीं था। डोकलाम मुद्दे पर तनाव कम करने के मामले में यह साबित हो गया कि कूटनीति किसी भी परिमाण के संकटों को हल करने का श्रेष्ठ विकल्प है।

चीन द्वारा छेड़े गए आक्रामक और पूर्ण मनोवैज्ञानिक युद्ध की लंबी दौड़ का अंत होता नहीं दिख रहा था; क्योंकि उसकी प्रचार मशीनरी ने भारत को गंभीर परिणाम भुगतने की धमकी देते हुए अपना प्रचार जारी रखा तथा नई दिल्ली को सन् 1962 की पराजय की याद दिला दी। राज्य का मीडिया उन्मादी था और उसके बयानों में जुझारू स्वर था। उसके स्वर से ऐसा प्रतीत होता था कि यदि भारतीय डोकलाम से नहीं हटे तो युद्ध आसन्न था। तापमान बढ़ रहा था, क्षितिज पर कोई समाधान नहीं लग रहा था और बर्फ का पिघलना असंभव लग रहा था।

हालाँकि, भारत की ओर से गतिरोध को समाप्त करने के राजनयिक प्रयासों में कोई कमी नहीं आई, विशेष रूप से चीन में 3 सितंबर, 2017 को

शुरू होनेवाले ब्रिक्स (BRICS) शिखर सम्मेलन से पहले। 28 अगस्त, 2017 को राहत मिली और भारतीय एवं (बाद में) चीनी सेनाएँ पीछे हटने लगीं। विदेश मंत्रालय ने एक बयान जारी किया और चीजें एक खतरनाक गति से सकारात्मक रूप से आगे बढ़ीं।

जब ऐसा लगा कि सुरंग के अंत में कोई प्रकाश नहीं है तो प्रकाश चमक रहा था। सैनिकों की वापसी बिल्कुल भी आसान नहीं थी, फिर भी ऐसा हुआ—मोदी की रणनीति और अटलता के कारण।

आखिर, करीब 70 दिनों से चला आ रहा डोकलाम विवाद 28 अगस्त, 2017 को सुलझ गया। दोनों देशों के बीच चल रही कूटनीतिक वार्त्ताओं के बाद सेनाएँ हटाने पर सहमति बन गई।

विवादित डोकलाम क्षेत्र में चीनी सेना द्वारा सड़क बनाकर इस त्रिकोणीय सीमा क्षेत्र में एकतरफा ढंग से यथास्थिति में बदलाव के प्रयास को रोकने के लिए भारतीय सेना ने 16 जून, 2017 को आगे बढ़कर चीनी सेना को रोक लिया था। इस गतिरोध के बाद 28 अगस्त को दोनों देशों की सेनाएँ वापस लौट गईं और इस प्रकार से 16 जून, 2017 के पहले की स्थिति बहाल हो गई।

प्रधानमंत्री नरेंद्र मोदी और भारतीय पक्ष ने आवश्यक गतिकी पर काम किया। डोभाल ने अपनी प्रशासनिक सूझ-बूझ, कुशल कूटनीतिक चाल और दूरदृष्टि का परिचय देते हुए सभी संबंधित लोगों को एक ही मेज पर ला खड़ा किया। ऐसे कार्य न केवल कठिन हैं, बल्कि असंभव भी हैं। लेकिन डोभाल अपने व्यापक अनुभव और राज्य शिल्प के मामलों में कुशल बातचीत के अनुभव के साथ उपयोगी साबित हुए। एक पुलिस अधिकारी के रूप में वे अपनी तेज प्रवृत्ति के लिए जाने जाते हैं।

एक अन्य महत्त्वपूर्ण विशेषता, जिससे चतुराई से निपटने की आवश्यकता थी, वह थी भूटान। थिम्फू को सूक्ष्मता और चालाकी से प्रबंधित करना पड़ा, क्योंकि हिमालयी साम्राज्य चीनी फरमानों से सावधान था और सबसे खराब स्थिति में बलि का बकरा नहीं बनना चाहता था।

पूरे देश ने इस विघटन के बाद राहत की साँस ली, क्योंकि यह अनिश्चितता थी कि क्या स्थिति बिगड़ जाएगी और युद्ध में बदल जाएगी! दो प्रमुख कारकों ने चिंता की स्थिति पैदा कर दी थी—पहला, भारत ने अतीत में चीन के साथ युद्ध लड़ा था और दूसरा, दोनों युद्धरत पक्षों के बयान डराने-धमकानेवाले थे। इलेक्ट्रॉनिक मीडिया भी युद्ध के उन्माद का ढोल पीट रहा था और पाकिस्तान हवा का रुख देख रहा था; शायद चीन और भारत के बीच बढ़ते तनाव का सुखद आनंद ले रहा था।

लेकिन युद्ध का दावा करनेवाले कई संशयवादी गलत साबित हुए। वे ठीक ही कहते हैं, "विवेक वीरता का बेहतर हिस्सा है।" डोकलाम मुद्दे पर तनाव कम करने के मामले में यह साबित हो गया कि कूटनीति किसी भी परिमाण के संकट को हल करने का विकल्प है और मोदी सरकार ने इस कहावत को अक्षरशः सिद्ध किया।

यह निश्चित रूप से भारत की बड़ी कूटनीतिक जीत बनी। चीन की ओर से जिस तरह से लगातार युद्ध की धमकी दी जा रही थी, उससे माहौल काफी तनावपूर्ण हो गया था। लेकिन भारत लगातार अपनी ओर से संयम बनाए रहा। भारत ने कूटनीतिक विकल्पों को खुला रखा। इससे विवाद निपटाने में मदद मिली।

डोकलाम पर भारत व चीन के तर्क

चीन का दावा : चीन ने डोकलाम को विवादित स्थल के बजाय अपना बताया है। उसका कहना है कि भारत ने वहाँ निर्माण रुकवाकर उसकी संप्रभुता पर सवाल उठाया है।

भारतीय पक्ष : चीन ने जब डोकलाम में सड़क बनाना शुरू किया तो भूटान ने भारतीय सेना से मदद माँगी। डोकलाम भूटान का हिस्सा है और यह ट्राई जंक्शन है, जहाँ तीनों पक्षों की सहमति के बिना कोई बदलाव नहीं हो सकता।

डोकलाम विवाद : घटनाक्रम

16 जून, 2017 : डोकलाम भारत व चीन के बीच उस समय तनाव की वजह बन गया, जब चीन ने यहाँ सड़क बनाने की कोशिश की। भारत की सेना की ओर से इसका विरोध किया गया।

18 जून, 2017 : भारतीय सेनाओं ने इस सीमा को पार कर वहाँ पर हो रहे सड़क-निर्माण के कार्य को रोक दिया।

19 जून, 2017 : भारत ने चीन पर आरोप लगाया कि डोकलाम में सड़क निर्माण के जरिए चीन ने शांति समझौते का उल्लंघन करने की कोशिश की है। चीन ने भारत पर उसकी सीमा को पार करने का आरोप लगाया।

20 जून, 2017 : भूटान के राजदूत ने चीन की ओर से उसके क्षेत्र में हुई घुसपैठ का विरोध दर्ज कराया।

23 जून, 2017 : चीन ने कैलास मानसरोवर की यात्रा पर जानेवाले भारतीय तीर्थयात्रियों के पहले जत्थे को रोक दिया।

28 जून, 2017 : सेना प्रमुख जनरल बिपिन रावत ने सिक्किम का दौरा किया और डोकलाम ट्राई जंक्शन पर हालात का जायजा लिया।

29 जून, 2017 : चीन ने 35 टन के मिलिटरी टैंक को नाथू ला बॉर्डर के पास टेस्ट किया।

30 जून, 2017 : रक्षामंत्री अरुण जेटली ने कहा, "चीन अब जान ले कि आज का भारत सन् 1962 के भारत से काफी अलग है।" चीन ने कहा, "चीन भी 1962 वाला चीन नहीं है।"

6 जुलाई, 2017 : चीन ने जी-20 शिखर सम्मेलन में होनेवाली प्रधानमंत्री नरेंद्र मोदी और चीनी राष्ट्रपति शी जिनपिंग की बैठक को रद्द कर दिया।

20 जुलाई, 2017 : चीनी मीडिया ने युद्ध की धमकी दी और कहा, " 'हिंदू राष्ट्रवाद' ने प्रधानमंत्री नरेंद्र मोदी की चीन नीति को प्रभावित किया है।"

20 जुलाई, 2017 : विदेश मंत्री सुषमा स्वराज ने कहा, "भारत चीन के साथ सीमा विवाद का हल बातचीत के जरिए करना चाहता है।

इसके लिए पहले दोनों देशों को डोकलाम से अपनी सेनाओं को पीछे हटाना होगा।"

27 जुलाई, 2017 : राष्ट्रीय सुरक्षा सलाहकार (एन.एस.ए.) अजीत डोभाल ने ब्रिक्स (BRICS) देशों के शीर्ष सुरक्षा अधिकारियों की बैठक से अलग चीनी एन.एस.ए. और स्टेट काउंसलर यांग जेची से बातचीत की।

2 अगस्त, 2017 : चीनी विदेश मंत्रालय ने 22 मार्च, 1959 को जवाहरलाल नेहरू द्वारा चाउ एन लाइ को सन् 1890 के एंग्लो-चीनी सम्मेलन में हुए समझौते का समर्थन लिखे पत्र का हवाला देते हुए कहा है कि डोकलाम पर न तो भूटान का, न ही भारत का दावा बनता है।

8 अगस्त, 2017 : रक्षामंत्री जेटली ने कहा कि भारत की सेनाएँ किसी भी तरह के युद्ध के लिए तैयार हैं।

10 अगस्त, 2017 : भूटान ने डोकलाम को चीन का हिस्सा माननेवाले चीन के बयान को गलत करार दिया। चीनी विदेश मंत्रालय की ओर से दावा किया गया था कि सिक्किम क्षेत्र में पड़नेवाले डोकलाम को भूटान चीन का हिस्सा मानने को तैयार हो गया है।

15 अगस्त, 2017 : पेंगोंग झील के उत्तरी किनारे पर चीनी सेना ने भारतीय सीमा में घुसपैठ की कोशिश की। नाकाम होने के बाद चीनी सैनिकों ने पत्थरबाजी शुरू की। चीन ने कहा कि उसे इस घटना की कोई जानकारी नहीं है।

□

22

ऑपरेशन ऑल आउट

"अगर कोई हम पर बुरी नजर डालता है तो हमारे सैनिक उसे मुँहतोड़ जवाब देते हैं। भारतीय सशस्त्र बलों ने दिखाया है कि वे कहीं भी, कभी भी आतंकवादी ठिकानों पर हमला कर सकते हैं। मैं सेना में विश्वास करता हूँ। बहादुरी का सम्मान किसी के पद से अधिक होता है।"

—नरेंद्र मोदी

'ऑपरेशन ऑल आउट' वर्ष 2017 में मोदी सरकार के तहत भारतीय सुरक्षा बलों द्वारा जम्मू व कश्मीर में शुरू किया गया एक संयुक्त अभियान है, जो राज्य में पूर्ण शांति होने तक कश्मीर में आतंकवादियों एवं उग्रवादियों को खदेड़ने के लिए है। 'ऑपरेशन ऑल आउट' में भारतीय सेना, सी.आर.पी.एफ., जम्मू व कश्मीर पुलिस, बी.एस.एफ. और आई.बी. शामिल हैं। इसे लश्कर-ए-तैयबा, जैश-ए-मोहम्मद, हिजबुल मुजाहिदीन और अल-बद्र सहित कई आतंकवादी समूहों के खिलाफ शुरू किया गया था।

वर्ष 2016 में बुरहान वानी की मौत और 10 जुलाई, 2017 को अमरनाथ यात्रा आतंकी हमले जैसे क्षेत्र में आतंकवादी और आतंकवादी हमलों के कारण अशांति के बाद मोदी सरकार के गृह मंत्रालय की सहमति से ऑपरेशन शुरू किया गया।

मोदी सरकार ने जम्मू व कश्मीर में आतंक को जड़ से उखाड़ फेंकने के लिए एक व्यापक रणनीति तैयार की। इसके तहत लश्कर, जैश, हिजबुल, अल बद्र जैसे विभिन्न आतंकी समूहों के कई आतंकवादियों को शॉर्टलिस्ट किया गया। सेना के इस रणनीतिक ऑपरेशन को 'ऑपरेशन ऑल आउट' नाम दिया गया। इस प्रकार, अशांत घाटी में स्थायी शांति की दीर्घकालिक योजना है।

इसके लिए पहले आतंकवादी गतिविधियों के प्रमुख स्थानों की अच्छी तरह से मैपिंग की गई। खुफिया एजेंसियों ने आतंकियों के ठिकानों की पहचान के लिए जिलेवार गुप्त सर्वेक्षण किया। यह रणनीतिक ऑपरेशन सावधानीपूर्वक योजना और खुफिया जानकारी एकत्रित करने पर आधारित है।

'ऑपरेशन ऑल आउट' के तहत आएदिन आतंकवादी मारे जा रहे हैं। प्रदेश का सोपोर आतंकवादियों वाले जिलों की सूची में सबसे ऊपर है। दूसरे नंबर पर कुपवाड़ा जिला है। सूची के अनुसार, शोपियाँ और अवंतीपोरा जिलों में भी कई सक्रिय आतंकवादी कार्यरत हैं।

सीमा पार से आतंकवादियों को शह और मदद देना किसी से छिपा हुआ नहीं है। खुफिया सूचनाओं से सीमा पार से हथियारों की खेप के घाटी में आने की खबरें मिलती रहती हैं और हथियार नियमित रूप से पकड़े जाते हैं। अनेक हथियार चीन निर्मित होते हैं।

कश्मीर घाटी में टारगेट किलिंग की घटनाओं के बाद भी सुरक्षा बल 'ऑपरेशन ऑल आउट' में और तेजी से जुट गए तथा कश्मीरी पंडितों से लेकर आम लोगों की हत्याओं में शामिल आतंकियों को चुन-चुनकर मौत के घाट उतार रहे हैं। इस क्रम में सुरक्षा बलों ने कई आतंकियों को मौत की नींद सुला दिया।

गृहमंत्री अमित शाह ने दिल्ली में हुई एक बैठक में मोदी सरकार की आतंक के खिलाफ जीरो टॉलरेंस की नीति को याद दिलाते हुए सुरक्षा बलों को निर्देश दिए कि घाटी की शांति को भंग करनेवालों को ढूँढ़-ढूँढ़कर मारा जाए।

'ऑपरेशन ऑल आउट' अलगाववादियों के खिलाफ एक तीव्र आक्रमण है, क्योंकि सरकार वर्ष 2016-17 कश्मीर अशांति के दौरान देखी गई मौत और चोटों की पुनरावृत्ति नहीं चाहती।

इसी बीच 5 अगस्त, 2019 को जम्मू व कश्मीर को मिले विशेष दर्जे (अनुच्छेद-370 और अनुच्छेद-35ए) को भारत सरकार ने राष्ट्रपति के आदेशों के माध्यम से संसदीय प्रस्तावों के समर्थन से रद्द कर दिया। इसके साथ ही 'जम्मू और कश्मीर पुनर्गठन अधिनियम' के माध्यम से लद्दाख को एक अलग केंद्र-शासित प्रदेश में विभाजित करने के साथ राज्य को एक केंद्र-शासित प्रदेश में बदल दिया गया।

सतर्कता के तौर पर पूर्व मुख्यमंत्रियों और अन्य नेताओं सहित कम-से-कम 627 लोगों को विवादित क्षेत्र में हिरासत में लिया गया। भारत सरकार की 6 सितंबर, 2019 की रिपोर्ट के अनुसार, लगभग 4,000 लोगों को गिरफ्तार किया गया।

चूँकि लॉकडाउन को लागू किया गया था, इसलिए भारत सरकार द्वारा किसी भी विदेशी पत्रकार को जम्मू व कश्मीर के नए केंद्र-शासित प्रदेश से रिपोर्ट करने की अनुमति नहीं दी गई।

अक्तूबर 2019 में भारत सरकार ने जम्मू व कश्मीर के केंद्र-शासित प्रदेश में पर्यटन को फिर से शुरू करने और इस क्षेत्र में आनेवाले सभी विदेशियों के लिए सुरक्षा प्रतिबंध हटाने की योजना बनाई। फरवरी 2021 में पूरे जम्मू व कश्मीर में रोकी गई 4जी मोबाइल इंटरनेट सेवाएँ पूरी तरह से बहाल कर दी गईं।

आँकड़े बताते हैं कि जनवरी 2021 में केंद्र-शासित प्रदेश में 19,000 पर्यटकों ने दौरा किया। जुलाई 2021 में लगभग 10.5 लाख पर्यटकों ने जम्मू व कश्मीर का दौरा किया और अगस्त 2021 में बढ़कर 11.22 लाख पर्यटक हो गए।

केंद्र की मोदी सरकार के तत्त्वावधान में वर्ष 2021 में जम्मू व कश्मीर सरकार ने एक औद्योगिक नीति शुरू की। अगस्त 2021 के मध्य तक

23,000 करोड़ रुपए के निवेश प्रस्तावों को जम्मू व कश्मीर सरकार ने मंजूरी दी, जिसमें से 12,000 करोड़ रुपए जम्मू डिवीजन में और 11,000 करोड़ रुपए कश्मीर डिवीजन में थे। सितंबर 2021 की शुरुआत में निवेश प्रस्ताव बढ़कर 25,000 करोड़ रुपए हो गए, जिसमें जम्मू डिवीजन में निवेश बढ़कर 12,800 करोड़ रुपए और कश्मीर डिवीजन में 12,200 करोड़ रुपए हो गया।

इस प्रकार, 'ऑपरेशन ऑल आउट' सहित विभिन्न अभियानों में केंद्र की मोदी सरकार द्वारा जम्मू व कश्मीर में सुरक्षा बलों को खुली छूट प्रदान की गई है, जिससे राज्य में गत वर्षों से उलट शांति और समृद्धि की बयार को बहते हुए महसूस किया जा सकता है।

प्राप्त आँकड़ों के अनुसार, मोदी शासन में सुरक्षा बलों ने 'ऑपरेशन ऑल आउट' के तहत वर्ष 2017 में 220, 2018 में 271, 2019 में 163, 2020 में 232 और 2021 में 193 उग्रवादियों को मार गिराया—कई जिंदा पकड़े गए और कइयों ने आत्मसमर्पण किया।

वैसे, सरकारी स्तर पर 'ऑपरेशन ऑल आउट' जैसे किसी भी शब्द को नकारा जाता रहा है। 14 जनवरी, 2019 को जम्मू व कश्मीर के तत्कालीन राज्यपाल सत्यपाल मलिक ने कहा था कि " 'ऑपरेशन ऑल आउट' जैसी कोई चीज नहीं है और यह वाक्यांश एक मिथ्या नाम है।" उनके अनुसार, "मैं 'ऑपरेशन ऑल आउट' के अस्तित्व से इनकार करता हूँ; लेकिन गोलियों का इस्तेमाल करनेवाला कोई बदले में फूलों की उम्मीद नहीं कर सकता है। सुरक्षा बल हमेशा जवाबी काररवाई करते हैं, जब आतंकवादियों द्वारा उन पर हमला किया जाता है।"

□

23

गलवान घाटी विवाद

“भारत की सेना की दुनिया में एक अलग पहचान है। आप पेशेवर हैं, लेकिन आपकी मानवता आपको सबसे अलग बनाती है। आपके लिए यह नौकरी नहीं है। आप महीने की पहली तारीख को वेतन के लिए यहाँ नहीं हैं। यह आपके लिए एक साधना है। हमारी सेना सिर्फ सीमा पर सेवा नहीं करती है। लेकिन आप महामारी में मदद के लिए आगे आए हैं। जहाँ कोई नहीं जाता, वहाँ हमारी सेना पहुँच जाती है।”

—नरेंद्र मोदी

वैसे तो भारत और चीन के बीच रिश्तों में हमेशा विवाद रहा है, लेकिन गलवान घाटी में हुई हिंसा पिछले कई दशकों की सबसे हैरान कर देनेवाली घटना थी। 15 जून, 2020 की रात को विस्तारवादी नीति को लेकर चलनेवाले चीन की चालपट्‌टी और नापाक कोशिश को भारतीय जवानों ने नाकाम कर दिया। इस हिंसा में भारतीय जवान शहीद भी हुए, लेकिन फिर भी हमारे जाँबाजों ने उनका डटकर मुकाबला किया। उस घटना के बाद से दोनों देशों के बीच सीमा पर आज भी विवाद बना हुआ है।

15 जून, 2020 की रात को पूर्वी लद्‌दाख में गलवान घाटी में भारत और चीन की सेनाओं के बीच हिंसक झड़प हुई। उसमें हमारे 20 जवान शहीद

हो गए। बताया जाता है कि चीन को ज्यादा नुकसान हुआ। बाद में, चीन ने आधिकारिक तौर पर स्वीकार किया कि भारतीय सैनिकों के साथ झड़प में 5 चीनी सैन्य अधिकारी और जवान मारे गए थे। हालाँकि, माना जाता है कि चीनी पक्ष में मृतकों की संख्या इससे ज्यादा थी।

कहा जाता है कि इस झड़प में चीन के 45 से ज्यादा सैनिक मारे गए; हालाँकि, चीन ने आज तक इस बात को स्वीकार नहीं किया। वहीं ऑस्ट्रेलिया के एक अखबार 'द क्लैक्सन' ने अपनी एक खोजी रिपोर्ट में दावा किया कि चीन की तरफ से 4 सैनिकों की मौत का आँकड़ा बताया गया, लेकिन इससे नौ गुना ज्यादा, कम-से-कम 38 पी.एल.ए. जवानों की मौत हुई है। बताया जाता है कि उस रात एक जूनियर सार्जेंट समेत कम-से-कम 38 पी.एल.ए. सैनिक डूब गए थे।

प्रधानमंत्री नरेंद्र मोदी ने भी कहा था कि हमारे जवान मारते-मारते शहीद हुए।

दरअसल, वास्तविक नियंत्रण रेखा (एल.ए.सी.) पर झड़प से हफ्तों पहले तनाव बहुत अधिक था। दोनों पक्षों ने सीमा पर सैनिकों की संख्या में वृद्धि कर दी थी। 6 जून, 2020 को दोनों सेनाओं के स्थानीय सैन्य कमांडरों के बीच हुई बातचीत से आपसी सहमति से पीछे हटने की प्रक्रिया शुरू हुई। दोनों सेनाओं के बीच एक बफर जोन बनाया जाना था। हालाँकि, एक भारतीय कमांडर ने क्षेत्र में एक चीनी शिविर को देखा और निरीक्षण करने गया। यह विवाद लड़ाई में बढ़ गया, जिसके परिणामस्वरूप मौतें हुईं और चोटें भी आईं। हालाँकि, कोई गोली नहीं चलाई गई। रक्षा मंत्रालय द्वारा कहा गया कि चीन ने गलवान में अपरंपरागत हथियारों का इस्तेमाल किया।

रिपोर्ट्स के अनुसार, एल.ए.सी. के इस पार भारतीय क्षेत्र में पेट्रोलिंग पॉइंट 14 के पास चीनी सेना के टेंट हटाने पहुँचे भारतीय सैनिक पर चीनी सैनिकों ने पत्थर से हमला कर दिया। उन्होंने कँटीले तार लगे डंडों, लोहे की छड़ों और लाठियों से हमला किया। इसके बाद भारतीय सैनिकों ने भी जवाबी काररवाई शुरू की। डंडों और मुक्कों से यह खूनी संघर्ष करीब 8 घंटे

तक चला। सैनिक गलवान नदी से ऊपर एक टीले पर चले गए। कई जवानों के पैर फिसले, जिससे वे नदी में गिर गए या पत्थरों से जा टकराए।

शून्य से नीचे तापमान और अँधेरे में भारतीय सेना अपने जवानों के शव लेकर नीचे आई। सुबह तक गंभीर रूप से घायल कई जवानों ने दम तोड़ दिया। बताया जाता है कि मौके पर चीनी सेना का ब्रिगेडियर आया और उसने सैनिकों से पीछे हटने तथा अपने जवानों के शव ले जाने को कहा। झड़प में चीन का कमांडिंग ऑफिसर भी मारा गया।

गलवान घाटी हिंसा को दो साल हो गए हैं। हिंसा के बाद दोनों देशों के बीच रिश्तों में काफी दरारें आईं। देश में चीन-विरोधी माहौल बना। हर तरफ चीन की आलोचनाएँ हुईं। दोनों देशों के बीच युद्ध की स्थिति बनी और दोनों ओर से एल.ए.सी. पर सेनाओं की आधुनिक हथियारों के साथ तैनाती भी हुई। पैंगोंग झील का क्षेत्र एक युद्धक्षेत्र में बदल गया। कई स्तरों की वार्त्ताएँ भी हो चुकी हैं और सेनाएँ भी डटी हुई हैं।

हाल ही में सामने आई जानकारी के अनुसार, भारत और चीन के बीच वास्तविक नियंत्रण रेखा पर गतिरोध बना हुआ है। एल.ए.सी. के कुछ इलाकों से चीनी सैनिक अब भी पूरी तरह पीछे नहीं हटे हैं। बताया गया है कि चीनी सेना अब भी कोंगका-ला क्षेत्र में मौजूद है। इसे सैन्य नक्शे पर पेट्रोलिंग पॉइंट 15 के रूप में दिखाया गया है। मई 2022 में ही चीनी सेना ने कुगरांग नदी, श्योक नदी की एक सहायक नदी, गोगरा और पैंगोंग त्सो के उत्तरी किनारे के क्षेत्रों में घुसपैठ की थी। वैसे, चीनी सैनिक जुलाई 2020 में 15 जून की झड़पों के बाद गलवान घाटी से तो पीछे हट गए थे।

इसके अलावा, 29 से 31 अगस्त, 2020 के बीच पैंगोंग झील के दक्षिणी तट पर भारतीय सेना की ओर से की गई एक काररवाई के बाद फरवरी 2021 में पैंगोंग झील के उत्तरी तट से सैनिक पीछे हटे। वहीं भारतीय सेना एवं स्पेशल फ्रंटियर फोर्स ने कई और पॉइंट्स पर भी कब्जा जमा लिया, जिसमें झील के दक्षिणी किनारे के ऊँचाईवाले स्थान भी शामिल हैं। वहीं चांग चेमो नदी की गोगरा पोस्ट से सैनिकों की वापसी अगस्त 2021 में हुई।

हिंसा के बाद दोनों देशों के रिश्तों की बात करें तो व्यापार के क्षेत्र में तो भारत ने चीन के साथ व्यापार बढ़ाया ही है। 'द हिंदू' की रिपोर्ट के अनुसार, गलवान घाटी की घटना से पहले भारत और चीन के बीच वर्ष 2019 में 92.8 अरब डॉलर का कारोबार हुआ था। इसके बाद यह कारोबार वर्ष 2020 में कोरोना वायरस के चलते 87.9 अरब डॉलर तक पहुँच गया था और वर्ष 2021 में तो यह 125 अरब डॉलर के करीब पहुँच गया। इसमें चीन से 100 करोड़ का आयात शामिल है।

वहीं दोनों देशों के बीच भरोसा कम हो गया। जहाँ चीन पैंगोंग त्सो पर पुलों का निर्माण कर रहा है और अपने बुनियादी ढाँचे को मजबूत कर रहा है, वहीं भारतीय पक्ष भी इस क्षेत्र में अपनी सैन्य सुविधाओं को बढ़ा रहा है। जहाँ चीन की ओर से अलग-अलग निर्माण की बात आती है, भारत ने भी कई चीजों का निर्माण किया है। भारत ने भी श्योक नदी पर बहुत सारे पुल बनाए हैं। साथ ही, बी.आर.ओ. ने कई सड़कें चीन बॉर्डर पर बनाई हैं।

भारतीय सेना और चीनी पीपुल्स लिबरेशन आर्मी ने गलवान घाटी के बीच सोलह दौर की वार्त्ता कर ली है। इन वार्त्ताओं से वास्तविक नियंत्रण रेखा पर कुछ लड़ाईवाली जगहों से प्रतिद्वंद्वी सैनिकों को हटाने में थोड़ी-बहुत सफलता मिल पाई है, लेकिन यथास्थिति में कोई सुधार नहीं हुआ है।

विश्वास की कमी संबंधों की मरम्मत में सबसे बड़ी बाधा रही है। एल.ए.सी. के पास चीन द्वारा सैन्य बुनियादी ढाँचे को मजबूत करना भारत की चिंताओं को और बढ़ा रहा है।

चीन इस बात पर जोर देता है कि वह अभी भी अपने आँकड़ों के अनुसार वर्ष 2021-22 में भारत का सबसे बड़ा व्यापार भागीदार है। विदेश मंत्रालय के प्रवक्ता झाओ लिजियन ने एक मीडिया ब्रीफिंग में कहा, "चीनी सक्षम अधिकारियों के आँकड़ों के मुताबिक, चीन और भारत के बीच द्विपक्षीय व्यापार की मात्रा वर्ष 2021 में 125.66 अरब डॉलर थी।" झाओ ने कहा, "चीन भारत का सबसे बड़ा व्यापार भागीदार बना हुआ है और पहली बार द्विपक्षीय व्यापार वर्ष 2021 में 100 अरब डॉलर से अधिक हो गया।"

यह पूछे जाने पर कि क्या लद्दाख गतिरोध, जिसने दो साल से अधिक समय से द्विपक्षीय संबंधों पर असर डाला है, दोनों देशों के बीच व्यापार संबंधों को प्रभावित कर रहा है, झाओ ने कहा, "वर्तमान में, सीमा की स्थिति सामान्य रूप से स्थिर है। दोनों पक्ष राजनयिक और सैन्य चैनल के माध्यम से घनिष्ठ संपर्क बनाए हुए हैं।"

दोनों देश वास्तविक नियंत्रण रेखा पर तनाव को कम करने के लिए बातचीत कर रहे हैं। चीन और भारत, दोनों इस बात से सहमत हैं कि चल रही बातचीत से सभी मतभेदों को दूर करने में मदद मिलेगी।

केंद्र सरकार ने कहा कि सेना को सभी आवश्यक कदम उठाने और भारत की संप्रभुता सुनिश्चित करने के लिए पूरी छूट दी गई। सेना को खुली छूट का मतलब है कि अब किसी भी उल्लंघन से बहुत सख्ती से निपटा जाएगा। इसके अलावा, सरकार यह सुनिश्चित करेगी कि सीमा पर बुनियादी ढाँचे का काम तेज गति से चले। भारत कभी भी बाहरी दबावों के आगे नहीं झुका है और भारत की संप्रभुता का उल्लंघन करने के इरादे से विरोधी का सामना करने के लिए भारत एकजुट है।

भारत-चीन सीमा तनाव पर विपक्षी दलों के साथ चर्चा करने के लिए बुलाई गई सर्वदलीय बैठक के दौरान बोलते हुए प्रधानमंत्री नरेंद्र मोदी ने कहा, "न तो किसी ने हमारे क्षेत्र में प्रवेश किया है और न ही हमारी सीमा चौकियों पर किसी का नियंत्रण है। हमारे 20 जवान शहीद हुए; लेकिन उन्होंने उन लोगों को सबक सिखाया, जिन्होंने भारत माता की आँखों में देखने का साहस किया।"

सरकारी सूत्रों के अनुसार, प्रधानमंत्री नरेंद्र मोदी ने यह स्पष्ट कहा था कि "भारत की संप्रभुता से समझौता न हो। भारत शांति और सौहार्द चाहता है, लेकिन हमारी संप्रभुता की कीमत पर नहीं।"

प्रधानमंत्री कार्यालय द्वारा जारी एक आधिकारिक बयान के अनुसार, प्रधानमंत्री मोदी ने कहा कि एल.ए.सी. पर चीन के कदमों पर पूरा देश 'आहत और क्षोभ में' था, लेकिन इस बात पर जोर दिया कि सशस्त्र बल सब कुछ

कर रहे थे। जमीन, समुद्र या वायु के माध्यम से हमारी सेना ने देश की रक्षा के लिए आवश्यक कदम उठाए।

प्रधानमंत्री ने कहा, "हमें एल.ए.सी. के घटनाक्रम के बारे में बेहतर जानकारी है और इसके परिणामस्वरूप हम बेहतर निगरानी और प्रतिक्रिया करने में सक्षम हैं। जो पहले बिना किसी व्यवधान के हुआ करते थे, उनकी आवा-जाही अब हमारे जवानों द्वारा नियंत्रित की जाती है, जो कभी-कभी तनाव का कारण बनती है।"

□

24

सैनिकों से प्रेरणा लें : मोदी

"भारतीय सेना अपनी बहादुरी और पेशेवराना अंदाज के लिए जानी जाती है। भारतीय सेना के जवान प्रतिकूल परिस्थितियों में सेवा करते हैं और प्राकृतिक आपदाओं सहित मानवीय संकट के दौरान साथी नागरिकों की मदद करने में सबसे आगे हैं। विदेशों में भी शांति अभियानों में सेना के शानदार योगदान पर भारत को गर्व है। राष्ट्रीय सुरक्षा की दिशा में भारतीय सेना के अमूल्य योगदान के साथ शब्द न्याय नहीं कर सकते।"

—नरेंद्र मोदी

"मुझे उन लोगों को संबोधित करने का सौभाग्य मिला है, जो सुरक्षा बलों से जुड़े हैं। मैं सेना में विश्वास करता हूँ। बहादुरी का सम्मान किसी के पद से अधिक होता है।

"सेना एक पदानुक्रमित प्रणाली का पालन करती है; लेकिन साहस एक परंपरा है। और जो लोग इस परंपरा की अनुकरणीय तरीके से सेवा करते हैं, वे विशेष रूप से उस क्षण की प्रतीक्षा करते हैं, जब उन्हें अपने राष्ट्र की सेवा के लिए बुलाया जाएगा और वे हर पल उस परंपरा के लिए जीते हैं। यह अपने आप में एक अलग अहसास है।

"जवानों के लिए जीवन में एक ही तड़प है—काम करने और देश की

सेवा करने की। आप एक ऐसे सैनिक में बेचैनी की भावना देख सकते हैं, जो सेना से सेवानिवृत्त हो गया है, लेकिन अपनी सेवा के दौरान किसी भी चुनौती का सामना नहीं किया है और सेना में अपनी सेवा के बारे में इसी तरह का सवाल खड़ा किया है। वह सोचने लगेगा कि यद्यपि उसने दैनिक परेड में भाग लिया है, लेकिन बल में योगदान नहीं दिया है। उसके लिए उसके दिल में सेना में काम करने का अर्थ किसी को मारना या मरना नहीं है। एक सैनिक के लिए सबसे बड़ी प्रेरणा किसी और के जीवन के लिए अपना जीवन समर्पित करना है।

"आपको जन्म देनेवाली आपकी माँ का सम्मान आपके पास जितना हो सकता है, उससे लाख गुना अधिक है। मैं उन माताओं को नमन करता हूँ, जिन्होंने ऐसे वीर योद्धाओं को जन्म दिया और उनमें सही मूल्यों का संचार किया तथा अपनी मातृभूमि भारत के लिए 'करो और मरो' की प्रेरणा भी पैदा की। मैं एक भी माँ के बारे में नहीं जानता, जिसके दिल में यह भावना है कि उसने एक बेटे को जन्म दिया है; लेकिन वह अपना जीवन केवल मातृभूमि भारत की सेवा के लिए समर्पित करता है, न कि अपनी माँ की। यह असाधारण प्रेरणा केवल एक माँ ही दे सकती है और इससे आपका जीवन न केवल हमारी राष्ट्रीय सीमाओं की रक्षा करता है, बल्कि सवा सौ करोड़ लोगों को सुरक्षा का आश्वासन भी देता है। अगर आप पूछेंगे कि उन सवा सौ करोड़ लोगों के सपने क्या हैं, तो वे कहेंगे कि हमारी मातृभूमि या तो विश्वगुरु या जगत् जननी (दुनिया की प्रदाता) बने।

"हमारे सवा सौ करोड़ भाई-बहन एक सुखी और शांतिपूर्ण जीवन जीना चाहते हैं। गरीब-से-गरीब बच्चा भी रात को भूखा न सोए और उसके सिर के ऊपर कम-से-कम एक छत तो होनी चाहिए, जहाँ शिक्षा की उचित पहुँच हो। यही कारण है कि मैं कह रहा हूँ कि आप सभी सिर्फ सीमा की सुरक्षा के लिए या भौगोलिक संरचना की सुरक्षा के लिए नहीं हैं। परोक्ष रूप से आपका जीवन लाखों जीवनों की गारंटी है और जब तक देश में शांति व सुरक्षा नहीं होगी, तब तक विकास असंभव है।

"विकास की पूर्व शर्त शांति, सुरक्षा, भाईचारा व सद्भावना है। हमारी सेना भाईचारे की मिसाल है—भाषा व धर्म के आधार पर कोई भेद नहीं है और परिवार होने की भावना है। 'फौजी' (सिपाही) शब्द अपने आप में ऐसा लगता है कि आप उस व्यवस्था का एक बहुत ही बड़ा हिस्सा हैं, जिससे आप संबंधित हो सकते हैं, और यह सम्मान रातोरात नहीं आता। यह एक निश्चित परंपरा के तहत विकसित होता है और यह भावना तब आती है, जब हर पल इस परंपरा को जीवित रखा जाता है।

"एक सेना को तब तक सक्षम नहीं बनाया जा सकता, जब तक कि उसके पीछे की प्रणाली अच्छी तरह से निपुण न हो। यहाँ 'नियोजन' शब्द केवल छावनी या सरकार तक ही सीमित नहीं है, बल्कि अपने गाँव और परिवार के लिए भी है, जिसे विशेष रूप से मजबूत करने की आवश्यकता है। सैनिक को विश्वास होना चाहिए कि अगर वह देश के लिए अपना जीवन बलिदान कर देता है तो देश उसके परिवार का खयाल रखेगा और उसके परिवार की भलाई के लिए कोई कसर नहीं छोड़ेगा। यह देश और सरकार की जिम्मेदारी है कि इसमें निहित आस्था को न डगमगाएँ। सीमा पर तैनात जवान के मन में कोई सवालिया निशान नहीं होना चाहिए।

"राजनीतिक क्षेत्र में मैं एक संस्था के लिए काम करता था। चुनावी राजनीति और शासन की दुनिया में मैं काफी देर से आया। मैंने अपने पहले के जीवन का उपयोग कार्यकर्ताओं को लामबंद करने में किया है। जब भी मैं अपने पार्टी कार्यकर्ताओं को संबोधित करता था, तो मैं उन्हें बताता था, क्योंकि हम चुनावी राजनीति के माहौल में रहते हैं, पार्टी कार्यकर्ता चुनाव के लिए टिकट माँगते हैं और अगर उन्हें मना कर दिया जाता है तो उन्हें इसके कारण निराश होना चाहिए और ऐसा करने की भावना भी होनी चाहिए। मन के अंदर कुछ गलत रेंगता है। यह राजनीतिक क्षेत्र का एक सामान्य पाठ्यक्रम है।

"ट्रेनिंग के दौरान मैं अपने पार्टी कार्यकर्ताओं को एक कहानी सुनाता था, जिसे मैं आप सभी के साथ साझा करना चाहता हूँ। मैं उन्हें बताया करता था कि जब रक्षाबंधन के त्योहार पर सेना का एक जवान छुट्टी लेना चाहता

है (बहन अपनी रक्षा के लिए अपने भाई की कलाई पर राखी या धागा बाँधती है), उसे सामान्य रूप से अंतिम समय में छुट्टी मंजूर की जाती है। वह किसी तरह अपना गोल सामान पैक करता है और अपने घर के लिए दौड़ता है। निकटतम रेलवे स्टेशन तक पहुँचने के लिए वह अपने रास्ते में आनेवाले परिवहन का जो भी पहला साधन आता है, चाहे वह ट्रक हो या टेंपो, उस पर सवार हो जाता है। अंतिम समय में भीड़भाड़ के कारण यात्री उसे कोच में प्रवेश नहीं करने देते, क्योंकि उसके पास यात्रा के लिए आरक्षण नहीं है। आप जम्मू स्टेशन पर हर रोज लड़ाई के इसी तरह के परिदृश्य की कल्पना कर सकते हैं। सैनिक को बैठने के लिए जगह नहीं मिलती है, क्योंकि यहाँ के लोग दैनिक आधार पर सैनिकों के अभ्यस्त हैं। इसलिए वह घर पहुँचने के लिए बिना आरक्षण के चौबीस घंटे, तीस घंटे, साठ घंटे ट्रेन में खड़ा रहता है। अगर किसी मामले में वह ट्रेन से छूट जाता है, हालाँकि वह अपनी बहन से राखी बँधवाने का सपना लेकर चला गया है, लेकिन एक दिन देरी से घर पहुँचता है। देरी से घर पहुँचने से पहले उसकी बहन इंतजार कर रही है और ट्रेन में यात्रा करनेवाले सैनिक की अपनी बहन की छवि है। वह राखी तो देख सकता है, लेकिन समय पर घर नहीं पहुँच पाता और मानसिक पीड़ा महसूस करता है। जब वह घर पहुँचता है तो उसकी माँ, बेटी, बहन—सभी रो रहे होते हैं; पर राखी बाँधने पर खुशी का अहसास होता है। माँ बीमार है, इसलिए वह अपनी छुट्टी बढ़ाने की कोशिश करता है। लेकिन छुट्टी मंजूर नहीं होती है, इसलिए वह वापस आकर ड्यूटी पर लग जाता है। माँ का ऑपरेशन कराना है, वह फिर चला जाता है। ऑपरेशन के लिए वह एक डॉक्टर के यहाँ से दूसरे डॉक्टर के यहाँ घूमता रहता है और डॉक्टर पहले से पैसे की माँग करता है। उसके पास इतना पैसा नहीं है। उस समय वह नाराज हो जाता है। क्या वह नहीं देख सकता, मैं अपने देश की सेवा करनेवाला एक सैनिक हूँ और यहाँ मेरी माँ मर रही है और वह पैसे के लिए ऑपरेशन नहीं करवा पा रही है? बच्चा स्कूल जाना चाहता है, लेकिन स्कूल उसे एडमिशन नहीं दे रहा है। एक सैनिक चाहता है कि उसका बच्चा अच्छी शिक्षा प्राप्त करे, भले ही

उसने एक साधारण स्कूल में पढ़ाई की हो; लेकिन स्कूल बच्चे को स्वीकार करने के लिए शुल्क की पूर्व राशि चाहता है। वह बहुत क्षुब्ध होता है, जब वह उस डॉक्टर के बारे में सोचता है, जिसने उसकी माँ का इलाज नहीं किया है; उस स्कूल के बारे में, जिसने उसके बच्चे को प्रवेश से वंचित कर दिया और रेल प्रणाली के बारे में, जो उसे राखी के अवसर पर समय पर नहीं पहुँचने देती है। जब उसे खबर मिलती है कि उसकी माँ का ऑपरेशन नहीं हुआ है और उसकी मौत हो गई है तो उसके मन में कई तरह की नकारात्मक बातें आ जाती हैं। अगर वह एक-एक करके घटना का विश्लेषण करता है तो उसे लगता है कि मैं किसके लिए अपना जीवन लगाऊँ? क्या मुझे उन लोगों के लिए मरना चाहिए, जो मेरे बच्चे को स्कूल में दाखिला नहीं दे रहे हैं? ये वे लोग हैं, जो अस्पताल में ऑपरेशन नहीं कर रहे थे, जब मेरी माँ मर रही थी। मैं उनके लिए अपनी जान क्यों दूँ? यह सब देखने के बाद भी जरा सिपाही की ताकत देखिए, उसका स्वभाव देखिए, उसका पालन-पोषण देखिए। जब भी स्थिति आती है और बिगुल बजता है, वह फिर भी अपने कंधे पर बंदूक रखता है और कहता है, 'भारत माता की जय।' और आगे बढ़ता है। वह कभी नहीं सोचता कि डॉक्टर ने उसकी माँ के साथ क्या किया, शिक्षक ने उसके बच्चे के साथ क्या किया या राखी के दिन वह समय पर पहुँचा या नहीं। वह 'लव लिव मदर इंडिया' के मंत्र का जाप करता है और एक्शन सीन के लिए आगे बढ़ता है। यह कोई छोटा इशारा नहीं है। यह कोई सामान्य बात नहीं है।

"मैं अपने पार्टी कार्यकर्ताओं से कहूँगा कि हमें इन सैनिकों से प्रेरणा लेनी चाहिए। इन सैनिकों को कभी वह सम्मान और आदर नहीं मिलता, जिसके वे हकदार हैं; लेकिन जब आवश्यकता होती है तो वे अपनी मातृभूमि भारत की सेवा करते हैं। वे अपने कंधों पर बंदूक रखते हैं, 'भारत माता की जय' का नारा लगाते हैं और आगे बढ़ते हैं। यह स्वभाव, यह शक्ति गरिमा, स्वाभिमान और राष्ट्र के गौरव की रक्षा के लिए आवश्यक है और भारत को इस बात पर गर्व है कि हमारे पास इतनी उत्कृष्ट सेना है।

"चाहे वह नौसेना हो, जमीनी हो या हवाई, हमारे पास गर्वित, साहसी, देशभक्त सैनिकों की एक श्रृंखला है, जो अपने जीवन का बलिदान करने के लिए तैयार हैं—और यह हमारे लिए गर्व की भावना लाता है। मैं जब भी उनसे मिलने आता हूँ तो मुझे अपने देश की और भी अधिक सेवा करने की प्रेरणा मिलती है। मैं यहाँ आपको यह सब बताने नहीं आया हूँ। जब मैं गुजरात का मुख्यमंत्री था, तब मैं आप सभी के बीच हुआ करता था, क्योंकि मैं वहाँ दीवाली मनाने के लिए सीमा पर जाया करता था। मैं वहाँ उन्हें कुछ बताने के लिए नहीं, बल्कि अपनी देशभक्ति की बैटरी को थोड़ा और चार्ज करने के लिए जाता था; क्योंकि मुझे पता है कि आपका जीवन हमें प्रेरणा देगा।

"आज के दौर में सरहदों पर लड़े जानेवाले युद्ध लगभग थम गए हैं। यह हमारा दुर्भाग्य है कि हमने अपने पड़ोसी की मानसिकता को देखते हुए एक पारंपरिक युद्ध लड़ने की ताकत खो दी है; लेकिन छद्म युद्ध के माध्यम से निर्दोष नागरिकों की हत्या का सिलसिला बेरोक-टोक जारी है। इसकी वजह से कितने बेगुनाह लोग मारे जा रहे हैं! इन कायरों ने हमारे सैनिकों को वास्तविक युद्ध लड़ने के बजाय इस छद्म युद्ध के कारण अपने प्राणों की आहुति देने पर मजबूर कर दिया है। छद्म युद्ध सिर्फ भारत में ही नहीं, बल्कि पूरी दुनिया को अपनी चपेट में ले चुका है। इसलिए, दुनिया में जितनी सैन्य शक्ति की आवश्यकता है, उतनी ही इस खतरे के खिलाफ मानवीय ताकतों के एक साथ आने की आवश्यकता है। विश्व की मानवीय शक्तियाँ जितनी अधिक एकत्र होंगी, उतनी ही वे हिंसक शक्तियों को विमुख करने में समर्थ होंगी। मानवीय शक्तियाँ हिंसक शक्तियों को पराजित करेंगी। हम मानवीय विचारों, मानवीय मूल्यों, मानवीय शक्तियों और सभ्य परंपरा के संरक्षण के लिए समर्पित हैं। और इसके लिए भारत अपने शब्दों, कर्तव्य एवं प्रतिबद्धता से बँधा हुआ है और हम इसी विश्वास के साथ आगे बढ़ना चाहते हैं।

"आपने नया बजट देखा होगा। 'वन रैंक : वन पेंशन' योजना ने हमारी प्रतिबद्धता दिखाई और आपको खुश किया। आजादी के बाद हमारे देश के सैनिक राष्ट्रीय युद्ध स्मारक के निर्माण की प्रतीक्षा कर रहे थे। मैं आपसे वादा

करता हूँ कि यह होगा, बनाया जाएगा और इसे बहुत सम्मान एवं गर्व के साथ बनाया जाएगा तथा भारत के लाखों लोग इससे प्रेरणा लेंगे। (अब यह बन चुका है) यह उन लोगों के लिए है, जो हमारे लिए जीते हैं और हमारे लिए मरते हैं; और यह हमें हमेशा प्रेरित करते रहेंगे।

"हमारा सशस्त्र बल आधुनिक होना चाहिए और हमारे सशस्त्र बलों को किसी भी आवश्यक संसाधनों की कमी नहीं होनी चाहिए। भारत को सुरक्षा के क्षेत्र में आत्मनिर्भर होना चाहिए। मैंने इसके लिए बजट में एक बहुत बड़ा निर्णय लिया है। हम भारत के भीतर सबकुछ बनाने की व्यवस्था क्यों नहीं कर सकते? उन्हें हमारे देश के बाहर से लाने के बजाय रक्षा में एफ.डी.आई. आना चाहिए, नई तकनीक आनी चाहिए और रक्षा उपकरण भारत में हमारे वर्तमान सेवारत रक्षाकर्मियों का उपयोग करके बनाया जाना चाहिए, जिसमें इंजीनियर, तकनीकी कर्मचारी और कुशल कर्मचारी शामिल हैं। हम रक्षा निर्माण प्रणाली में सेवानिवृत्त रक्षाकर्मियों की तैनाती की दिशा में काम कर रहे हैं, ताकि उनकी ताकत का उपयोग किया जा सके, विदेशी धन का उपयोग कैसे किया जाए और सर्वोत्तम रक्षा सुरक्षा-तंत्र कैसे प्रदान किया जाए और हम बहुत योजनाबद्ध तरीके से इसकी ओर बढ़ रहे हैं।

"मुझे आपके कर्तव्य, कौशल एवं साहस पर गर्व है और आपके नेता के रूप में मैं आपको विश्वास दिलाता हूँ कि यह देश आपके लिए है और आपके बलिदान और कालातीत प्रयास पर हमेशा गर्व रहेगा। आप सभी को मेरी शुभकामनाएँ। कृपया मेरे बाद बोलें—भारत माता की जय! वंदे मातरम्, वंदे मातरम्, वंदे मातरम्, वंदे मातरम्, वंदे मातरम्, वंदे मातरम्!"

□

संदर्भ-सूची

पुस्तक-लेखन हेतु विभिन्न सूचना-स्रोतों तथा व्यक्तिगत संपर्क के अतिरिक्त निम्नलिखित सूचना स्रोतों द्वारा सहयोग लिया गया है, जिसके लिए लेखक व प्रकाशक द्वारा हार्दिक आभार।

1. China was surprised in Doklam, never thought India would challenge it : China expert Yun Sun. India Today. 30 June, 2020
2. https://economictimes.indiatimes.com › News › Defence
3. https://theprint.in › defence › modi-dares-china-tells-in...
4. https://timesofindia.indiatimes.com
5. https://www.aajtak.in› india › story
6. https://www.amarujala.com› jammu
7. https://www.aninews.in › news › national › general-news
8. https://www.bbc.com › news ›
9. https://www.bhaskar.com› news›
10. https://www.facebook.com › narendramodi › photos › s...
11. https://www.firstpost.com › india
12. https://www.freepressjournal.in

13. https://www.hindustantimes.com
14. https://www.indiatvnews.com › India
15. https://www.jagran.com
16. https://www.jansatta.com
17. https://www.narendramodi.in › text-of-prime-minister-s...
18. https://www.news18.com
19. https://www.prabhatkhabar.com
20. https://www.quora.com › Why-are-soldiers-happy-with- N...
21. Images for army love of Prime Minister Narendra Modi
22. India, Chinese troops face-off at eastern Ladakh; casualties on both sides. Asia News. 16 June, 2020.
23. punjab-counter-terrorism-department
24. अजीत डोभाल म्याँमार संचालन¨—इंडिया टी.वी. न्यूज
25. एन.एस.ए. अजीत डोभाल के हस्तक्षेप के बाद म्याँमार ने भारत में वांछित 22 पूर्वोत्तर विद्रोहियों को सौंप दिया। Zee News
26. 'कैसे प्रधानमंत्री मोदी, अजीत डोभाल और सेना प्रमुख ने आतंकवादियों के खिलाफ गुप्त हमले की योजना बनाई', दि इकोनॉमिक टाइम्स।
27. 'भारतीय सैन्य कमांडर सी.डी.एस. जनरल बिपिन रावत', महेश शर्मा, प्रभात प्रकाशन।
28. 'सुपरकॉप अजीत डोभाल', महेश शर्मा, प्रभात प्रकाशन।
29. 'बिपिन रावत कौन हैं : जनरल बिपिन रावत पर एक संक्षिप्त नजर, भारत के पहले सी.डी.एस.', दि इकोनॉमिक टाइम्स।
30. 'जनरल रावत ने चीफ्स ऑफ स्टाफ कमेटी के अध्यक्ष के रूप में पदभार सँभाला', द हिंदू।

31. 'लेफ्टिनेंट जनरल बिपिन रावत : सर्जिकल स्ट्राइक के मास्टर—दि इकोनॉमिक टाइम्स', दि इकोनॉमिक टाइम्स।

32. 'तमिलनाडु के कुन्नूर में हेलीकॉप्टर दुर्घटना में पहले चीफ ऑफ डिफेंस बिपिन रावत, 12 अन्य मारे गए', द न्यू इंडियन एक्सप्रेस।

33. https://gulfnews.com/world/asia/india/armyAchiefAgenAbipinArawatAsetAtoAbeAindiasAfirstAcdsA1.68733228

34. https://news.abplive.com/news/india/genAbipinArawatAsA2020AinterviewAtoAabpAnewsAwhenAtheAcdsAspokeAaboutAcovidAkashmirApakistanAterrorismAwatchAvideoA1498518

35. https://orangenews9.com/gravitasAtheAinterviewAwithAgeneralAbipinArawat/

36. https://www.amarujala.com/education/what-is-cold-start-doctrine-in-hindi-know-details

37. https://www.defstrat.com/magazine_articles/interviewAchiefAofAtheAarmyAstaff/

38. https://www.dnaindia.com/india/reportAmatchboxAreasonAforAcdsAgeneralAbipinArawatAselectionAndaAunheardAstoryAmadhulikaArawatAiafAchopperAtamilAnaduA2923101

39. https://www.firstpost.com/india/generalAbipinArawatAanAofficerAwhoseAfranknessAcouldntAbeAdampenedAbyAcontroversyA10197331.html

40. https://www.indiastrategic.in/generalAbipinArawatAsaysAarmyAmodernisationAalignedAtoAmakeAinAindia/

41. https://www.news18.com/news/india/dontAaskAmeAanyAclicheAquestionsAgeneralAbipinArawatsAlastAwordsAtoAmeAthatAbestAhonourAtheAjollyAofficerAboldA4535270.html

42. https://www.telegraphindia.com/india/bipinArawatAatAhelmAcontroversiesAgalore/cid/1842528

43. https://thediplomat.com/2017/01/aAslipAofAtheAtongueAonAindiasAonceAhypedAcoldAstartAdoctrine/

□□□